Dorothea Rohde

Last Trip Advisor

Wie wir sterben, bestatten, trauern

Impressum

Bibliografische Information der Deutschen Nationalbibliothek: Die
Deutsche Nationalbibliothek verzeichnet diese Publikation in der
Deutschen Nationalbibliografie; detaillierte bibliografische Daten sind
im Internet über dnb.dnb.de abrufbar.

© 2025 Dorothea Rohde
Verlag: BoD · Books on Demand GmbH,
Überseering 33, 22297 Hamburg, bod@bod.de
Druck: Libri Plureos GmbH, Friedensallee 273, 22763 Hamburg

ISBN: 978-3-8192-2961-9

Dorothea Rohde

Last Trip Advisor

Wie wir sterben, bestatten, trauern

Inhalt

Prolog | Meine Toten

Meine Mutter: 1. Juli 1922 – 23. Februar 1966

Beim ersten Mal habe ich gar nicht richtig verstanden, was Tod bedeutet, nur, dass ich weinen wollte, weil alle es taten. Ich war dreieinhalb Jahre alt, und Mami war weg. Was ich aber wusste: Mein Job war nun unbedingt, meinen Vater zu beschützen und ihm viel Freude zu machen, weil er so doll traurig war. Zur Beerdigung wurde ich nicht mitgenommen, aber mein Vater und ich fuhren oft zusammen mit dem Fahrrad zum Friedhof. Ich lief freudig zum Brunnen, aus dem ich Wasser in eine Gießkanne schöpfte, und war stolz, die Blumen gießen zu dürfen. Danach standen wir, wie es sich gehörte, andächtig vor dem Grab, bevor wir zurückfuhren. Einmal im Jahr gingen wir alle zusammen zum Friedhof, und wir drei Kinder durften jährlich reihum das Gesteck aussuchen, das dann über den Winter das Grab zierte. Es war immer eine besondere Ehre.

Sicher hat mich diese Zeit geprägt und für eine sehr enge Bindung zu meinem Vater gesorgt. Sicher wurde ich auf diese Weise auch parentifiziert. Denn ohne es zu merken, wurden meine Brüder und ich verantwortlich dafür, dass mein Vater, wenn schon nicht glücklich, dann aber wenigstens zufrieden war. Die Tatsache, dass einige Kleider meiner Mutter umgeschneidert und mir angezogen wurden, hat aus meiner heutigen Perspektive sicher auch zu einer Rollenverwirrung beigetragen.

Ich kann mich nicht erinnern, dass mich andere Erwachsene auf den Tod meiner Mutter ansprachen. Auch nicht im Kindergarten, in den ich aufgrund der Krankheit meiner Mutter schon sehr früh ging. Aber auf dem Spielplatz unter den anderen Kindern war es Thema. Ich erinnere mich an die Frage, ob mein Vater geweint hätte, als meine Mutter starb. „Na klar, hat er geweint", gab ich zur Antwort. „Mein Vater würde nie weinen!" kam prompt zurück. Heute denke ich: Warte ab, bis deine Mutter stirbt, dann weint der auch.

Als mein Vater drei Jahre später wieder heiratete, war es wieder der Spielplatz, auf dem ich von meinen Spielkameraden lernte: „Ich würde nie auf eine andere Mutter, als auf meine richtige Mutter hören!" Klar, und ich würde am liebsten auf überhaupt niemanden hören müssen, ist aber leider nun mal so mit sechs Jahren.

Ich habe keine Ahnung, wie es gewesen wäre, wenn ich in dieser Zeit (wir sprechen von der Mitte der 1960er Jahre) jemanden gehabt hätte, der sich mit Trauer und Trauma bei Kindern auskennt. Es hätte mir vielleicht einige Unsicherheit und ein paar Panikattacken in meinem späteren Leben erspart. Aber niemandem ist ein Vorwurf zu machen. Wir haben uns alle miteinander durchgewurschtelt, wie es zu jener Zeit eben üblich war.

Das Grab meiner Mutter besuchte ich 50 Jahre lang. Als ich es auflösen ließ, veränderte sich meine Beziehung zu meiner so jung verstorbenen Mutter auf überraschende Weise. Sie war weniger die Tote im Grab, zu der ich ging, sondern kam mehr als Mensch und Frau in mein Bewusstsein, die ein Leben vor der Krankheit gelebt hatte. Als jemand, die eine Persönlichkeit hatte, abseits ihres tragischen Schicksals, das bis dahin meinen Blick auf sie geprägt hatte.

Meine Oma: 20. September 1896 – 14. Januar 1978

Das Sterben meiner Oma sah ich wohl kommen. Sie lag bei uns zuhause in ihrem Zimmer in ihrem Bett, war verwirrt und kaum noch die Omi, die mich immer beschützt hat, die immer voller Liebe für mich da war, der ich ein ums andere Mal gesagt hatte, sie dürfe niemals sterben, das müsse sie mir versprechen. Weil ich mir ein Leben ohne Omi und ihre schützende, weiche Hand nicht vorstellen konnte. Nachdem sie gestorben war, saß ich im Hippie-Zimmer meines Bruders und starrte in eine Kerze. Ich sah einen

Heiligenschein um die Kerze, ich sah eine Aura, ich sah die Seele meiner Omi, und ich war ein bisschen beunruhigt, ob das eine Halluzination sein könnte, und zugleich beruhigt, dass sie sich mir noch einmal zeigte.

An die anschließende Trauer habe ich keine Erinnerung, weil ich heftig mit Komplikationen einer schwer verlaufenden Pubertät rang. Alles war Kampf. Schule – Versagen, Eltern – Enge, Jungs und Mädchen – Moralapostel, Freiheit – nichts dürfen, Drogen – Verbote, Lifestyle – Unverständnis. Ich habe unter diesen Umständen einfach nicht gewusst, wie ich trauern soll. Gefühle zu zeigen war in dieser Zeit keine gute Idee.

Oma war die einzige Person auf der Welt, die nichts bewertete, geschweige denn abwertete. Sie nähte in einer spießigen Welt fröhlich bunte Flicken auf unsere heiß geliebten, auseinanderfallenden Jeans und Jacken und fand den (Haschisch-) Dealer meines Bruders einen genauso netten jungen Mann, wie den Postboten und meinen langhaarigen Freund mit dem eingeflochtenen Knochen im Haar. Wie kann man ohne so jemanden leben oder auch nur überleben? Es ist bis heute unklar, wie mir das gelungen ist.

Holli: 20. Oktober 1961 – 11. Juni 1982

Beim nächsten Mal war es ein stechender, ungläubiger Schmerz. Die Nachricht, dass mein Freund Holli bei einem Unfall an einem Genickbruch gestorben war, traf mich mit voller Wucht. Ich meinte zu wissen: Diesen Schmerz kann ich nicht aushalten. Dann wurde es schlimmer. Und dann noch schlimmer.

Er starb kurz vor den Sommerferien, und ich ging die letzten Tage nicht mehr in die Schule. Zur Beerdigung kamen neben der Familie die Freundinnen und Freunde unserer Clique, von denen niemand auf meine Schule ging. Die Sommerferien verbrachte ich bei meinem ältesten Bruder in Berlin. Nach den Ferien kam ich in meine Klasse, und niemand verlor ein Wort. Ich war nicht sicher, ob überhaupt jemand wusste, dass Holli gestorben war. Aber wir wohnten nicht in einer anonymen Großstadt, sondern in Bad Schwartau. Und da wusste es jeder! Und ich vermute, dass meine Eltern in der Schule Bescheid gesagt hatten. Aber warum sagte denn niemand etwas? Weder die Lehrer:innen, noch die Mitschüler:innen. Hatten sie sich abgesprochen, nichts zu sagen? Hatte das jeder und jede für sich entschieden? Das verunsicherte mich sehr. Es sprach mich auch niemand auf meine schwarze Kleidung an, die ich vom Tag des Todes an für etwa ein Jahr trug. Nur einer der Lehrer gestand mir irgendwann seine Liebe und meinte, ich hätte so eine Reife, weil ich mit 20 Jahren schon so was Schweres erlebt hätte. Kotz! Eine unpassendere Beileidsbekundung konnte und kann ich mir kaum vorstellen.

Seit sich am 11. Juni 2022 Hollis Tod zum 40sten Mal jährte, weiß ich, dass der Tod dieser ersten großen Liebe meinem Leben tatsächlich mehr Tiefe, Gelassenheit und Dankbarkeit für jeden gelebten Moment gegeben hat.

Mein Vater: 2. Oktober 1926 – 12. Dezember 1999

Viele Jahre später starb mein Vater. Ich lebte gerade in England und rief ihn jeden Sonntag an. Nach einem unserer üblichen, liebevollen Telefonate musste ich sehr weinen, ohne zu wissen warum. Ein paar Tage später verstand ich es. Es war unser letztes Gespräch gewesen. Und dann flog ich nach Hause und sah ihn noch einmal. Er war sehr plötzlich zuhause gestorben, und meine (Stief-) Mutter hatte ihn glücklicherweise nicht gleich von einem Bestattungsunternehmen abholen lassen. Er war sogar noch die darauffolgende Nacht zuhause, und mein damaliger Mann wusch ihn und hielt mit meinem ältesten Bruder über Nacht die Totenwache. Meine Mutter suchte einen schönen Anzug heraus, in dem mein Vater bestattet werden sollte. Als die Bestatter kamen, hatte ich das dringende Bedürfnis, ihnen zu sagen, dass sie ganz vorsichtig mit meinem Vater umgehen und ihn besonders liebevoll ankleiden sollen. Die Vorstellung quälte mich, dass sie routiniert und unsanft mit meinem Vater sein könnten. Ich habe nicht gewagt, etwas zu sagen. Hätten sie es albern gefunden, weil

11

Vati ja eh tot war? Hätten sie sich in ihrer Berufsehre gekränkt gefühlt, weil ich ihnen unterstellte, dass sie mit dem Verstorbenen nicht gut umgehen könnten?

Heute weiß ich, dass mein Bedürfnis nicht unangemessen war, nicht seltsam, dass ich es hätte sagen dürfen. Dass sein toter Körper keine leere Hülle war, sondern immer noch der Mensch, den ich liebte. Heute weiß ich, dass es Bestatter:innen gibt, die darüber sprechen, wie sie vorgehen, die sogar eine Einladung aussprechen, beim Waschen und Ankleiden dabei zu sein oder es selbst vorzunehmen.

Zurück in England weinte ich viel um meinen Vater, weil ich ihn so vermisste. Diese Zeit hat mir geholfen, ja gutgetan, weil meine Trauer an erster Stelle stand, Beachtung fand und ich sie ausleben konnte. Als wir dann einige Monate später wieder in Deutschland waren, war es meine Mutter, die meinen Trost, meine Zuwendung brauchte, die an erster Stelle stand. Sie hatte ihren geliebten Mann verloren, mit dem sie bis zum letzten Moment eine glückliche Ehe geführt hatte. Meine Trauer trat in den Hintergrund. Sie fragte mich nicht nach meinen Gefühlen, weil ihre so überwältigend und bestimmend waren. Ich geriet in der Trauerhierarchie auf einen hinteren Platz. Das war verständlich und sicher ganz und gar angemessen. Dennoch bin ich dankbar für diese erste Zeit, in der ich ganz für mich trauern konnte, ohne gleichzeitig selbst trösten zu müssen.

Jutta: 4. August 1962 – 12. Dezember 2019

Auf den Tag genau 20 Jahre nach meinem Vater starb meine Freundin Jutta. Dieses Datum fühlte sich an wie eine schöne Geste, als wollte sie zeigen, wie tief ihre Verbundenheit zu meiner Familie war. Ich war vorbereitet auf ihren Tod, denn sie starb an Krebs. Von Anfang an war Jutta offen mit der Krankheit umgegangen und informierte mich und ihre Freund:innen über Behandlungen und Einschränkungen, mit denen sie zu leben hatte. Ich ging ins Krankenhaus, als sie operiert wurde, wir telefonierten, so oft es ging, und sahen uns nur gelegentlich, weil sie in Berlin wohnte, ich in Hamburg. Immer mal versuchte ich mit ihr über ihre Gefühle zu sprechen, über ihre Hoffnungen oder Ängste. „Sollen wir mal über den rosa Elefanten im Raum reden?" Nein, sie wollte das nicht, dann würde sie nur noch weinen und nicht mehr aufhören. Nach einem der letzten Besuche bei ihr, bei dem wir zusammen spazieren gegangen waren, fühlte ich mich erstarrt und verzweifelt darüber, dass wir uns trotz unserer sehr alten Verbindung nicht einmal mehr in den Arm nehmen konnten und vielleicht gemeinsam weinen, dass wir nur über Belangloses sprechen mussten, damit der Schmerz für sie nicht unerträglich würde. Ich fragte sie, ob sie denn mit ihrem Freund reden könne. Der sei nicht so fürs Sprechen, schon gar nicht über so was, sagte sie. Es war ihr Sterben, es war ihr Leid, ihr Weg, und wer war ich, ihren Umgang mit dem Sterben mitgestalten zu wollen. Es stand mir nicht zu, dass sie um meinetwillen mit mir redete und weinte und hinschaute. Ich wäre gerne besser für sie da gewesen. Aber das waren eben nur meine Bedürfnisse, nicht ihre.

Nach ihrem Tod gab es eine sehr ungewöhnliche Feier in Berlin. Selbst organisiert von ihren Freund:innen vor Ort und ihrer Schwester. Ein alter Freund sagte ein paar Worte, zwei Freundinnen sangen ein oder zwei Lieder. Abgesehen davon, dass es Tapezier-tische mit ihren Besitztümern gab, von denen man sich mitnehmen konnte, was man haben wollte, und eine Wäscheleine mit Fotos, war es eine Zusammenkunft, wie sonst bei einer typischen Jutta-Party. Nur ohne Jutta.

Was daran ließ mich so unbefriedigt zurück? Es gab keine Blumen. Jutta war in einer Gärtnerei mit Blumenladen aufgewachsen, und Blumen waren immer wichtig für sie gewesen! Auch für mich wäre ein schönes großes Blumengesteck ein guter Platz gewesen, an dem sich meine Augen und mein Geist zwischendurch hätten ausruhen können. Es gab keine Urne. Die stand auf dem Sideboard ihrer Schwester, weil sie die Beerdigung in einem Friedwald ein halbes Jahr später stattfinden lassen wollte. Wenn man bei ihr im Garten danach würde grillen können. So kam es dann auch, (semi-legal) im kleinen Kreis, weil unterdessen Corona Einzug gehalten hatte.

Mein Mann benannte mein Unwohlsein über die Trauerfeier. Für mich fehlte ein Zentrum, ein Kraftpunkt, auf den ich mich richten konnte, vielleicht die Urne und Blumen. Und es fehlte eine zeremoniell klare Trennung zwischen Trauerrede, Besinnung, Weinen, Konzentration auf Abschied und einer sich

14

anschließenden Entspannung und Feier mit Essen und Trinken, dem Wiedersehen mit alten Freunden und Gesprächen im Hier und Jetzt. Diese Einschätzung gilt nur für mich, andere mögen diesen Prozess als genau richtig, passend und hilfreich empfunden haben.

Diese „Zerfaserung" innerhalb der Trauerfeier und der große Abstand zur Beisetzung der Urne machten mir den Abschied und die Trauer um meine Freundin am Anfang schwer. Und es zeigte mir, dass es nicht so einfach ist, abseits der alten Normen neue und wohltuende Wege zu gehen. Manchmal können aufgeschlossene Bestatter:innen ein Segen sein. Sie kennen sich aus mit der Kraft von Zeremonien und wissen wie man zum Beispiel auf die Bedürfnisse einer gleichaltrigen Wahlfamilie eingeht.

Über drei Jahre später bin ich jetzt an einem anderen Punkt der Trauer. Jutta und ich kannten uns mehr als 40 Jahre, und unser Verhältnis war immer mal auch ein Auf und Ab. Und genauso gestaltet sich meine Trauer. Mal habe ich sie fast aus den Augen verloren, dann kommt sie als Gefühl der Ohnmacht und des Bedauerns zurück. Oder einfach mit all meiner Liebe für Jutta.

Von der Frau meines Bruders, die mit 43 an einem Herzinfarkt starb, von meinem geliebten Impro-Theater-Lehrer Volker, von meinem Ex-Freund Gunnar und von Michael Jackson wird noch die Rede sein.

Der Tod muss wieder zurück in die Mitte der Gesellschaft.

Gähn! Der Spruch kommt gleich nach Carpe Diem in der Liste der nervigen Postkarten-Weisheiten. Und doch ist er natürlich wahr. Aber warum? Aus meiner Sicht: Weil ein einsamer Tod eine unverzeihliche Angelegenheit ist, weil eine ausschließlich an die Bestattungsbranche ausgelagerte Totenfürsorge und eine schlechte Trauerfeier nicht wieder gut zu machen sind, weil sie einen gesunden Trauerprozess behindern kann, weil eine verleugnete Trauer mit großer Wucht zurückkommt. Als Angst, als Depression, als Wut, als Drogenkonsum, mitunter bis in die zweite und dritte Generation. Und weil Kinder beim Thema Tod und Trauer außen vor zu lassen, „um sie zu schonen", sehr verstörend für sie sein kann.

Es hat Gründe, warum wir uns von dem Thema Tod abgeschnitten haben. Jede Familie in Deutschland ist von zwei Weltkriegen betroffen gewesen. Viele Familien mit einem Fluchthintergrund haben unter Kriegen gelitten und Todesopfer infolge von Gewalteinwirkung in der Familie oder dem Freundeskreis zu beklagen. Es hat unendlich viele gewaltsame Tode gegeben, bei denen es keine Möglichkeit eines Abschiedes von den Lebenden oder den Verstorbenen gab. Wenn es überhaupt ein Grab gibt, lag und liegt es häufig in einem fernen Land. Viele Hinterbliebene haben diese Gräber nie besucht. Der Tod war mit Trauma verbunden. Tod als etwas Natürliches wahrzunehmen, war und ist für Menschen der direkt vom Krieg betroffenen Generation sicher besonders schwer. Und auch die nächste Generation, die sogenannte Kriegsenkel-Generation, ist transgenerational betroffen. Die Auswirkungen belasteten uns noch lange nach Ende des Krieges so stark, dass oft kein persönlicher und wohltuender Umgang mit den Verstorbenen möglich war. Sicher liegt hier auch eine der Ursachen dafür, dass Kinder vor den emotionalen „Zumutungen" einer Beerdigung ferngehalten wurden und man kaum mit ihnen über das Geschehene sprach. Die Eltern waren selbst sprachlos.

Kriege sind sicher nicht der einzige Grund für den Verlust von Traditionen und Gepflogenheiten und einer Verunsicherung im Umgang mit Sterben, Bestatten und Trauer. Dieser Verlust birgt jedoch auch die Chance, neue und zeitgemäße Umgangsformen zu finden. Formen, die offener sind für individuelle Bedürfnisse, für andere Lebensentwürfe als die klassische, biologische Kernfamilie, passender für den Lebensstil der Verstorbenen und der Hinterbliebenen. Es bedarf einer anderen Form der Trauerfeier, wenn jemand sehr jung gestorben ist, vielleicht als Punk oder als Trans-Person gelebt hat, als es bei der traditionell religiösen Oma Piepenbrink angemessen wäre. Und wir werden immer offener für diese Unterschiede und Bedürfnisse. Möge dieses Buch ein Beitrag dazu sein. Denn jetzt leben Generationen, die nicht so belastet sind von Kriegserfahrungen und gewaltsamen Toden oder von moralischen Grenzen und sich dadurch unbeschwerter dem Thema widmen können. Und längst widmen sich Autor:innen, Begleiter:innen und andere Profis einem kindgerechten Umgang mit Verlust und Trauer.

Vielleicht sollte unser Postkartenspruch daher heißen: Holen wir das Sterben, den Tod und die Trauer wieder mehr in unsere Wahrnehmung, in die Liste der Dinge, über die wir sprechen, die wir nicht aus den Augen lassen. Damit sie unsere Leben weiser, heiler, fröhlicher, liebevoller, ernster und mutiger werden lassen. Eben: Carpe-Diem-mäßiger.

Nun lade ich Sie, liebe Leserinnen und Leser ein, auf eine Forschungsreise: zur Angst vor dem Tod, der Sterbebegleitung, zum Sterben selbst und zum Bestatten und Trauern. Und zur Erforschung der Frage, ob uns ein Leben mit dem Tod – eine Death-Positive-Haltung — einem gut gelebten Leben näherbringen kann.

Kapitel 1 | Angst vor dem Tod

Angst – je älter je ängstlicher?

Mein acht Jahre älterer Bruder sagte früher gerne zu mir: „Mach du nur, in deinem Alter ist man noch unsterblich." Ich war in meinen Zwanzigern und reiste jedes Jahr monatelang (damals noch ohne Internet) in fernen Ländern umher. Wenig Geld, viel Abenteuer. Was mein Bruder nicht meinte: dass man in diesem Alter noch nicht sterben kann. So naiv war er nicht. Was er meinte: Wir sind risikofreudig, wenig ängstlich, rechnen eigentlich nicht mit dem Tod. Der Tod scheint in unendlich weiter Ferne zu sein. Der eigene Tod barg für mich in jungen Jahren trotz oder wegen meiner Erfahrungen noch wenig Schrecken. Es war fast ein bisschen egal, ob ich lebte oder nicht. Als gäbe es noch eine vage Erinnerung an das Nicht-Leben vor dem Leben und dass das auch ok war. Never ever hätte ich in diesem Alter einen Satz gesagt wie: Ich bin so dankbar für jeden Tag, an dem ich die Schönheit des Lebens erleben und genießen darf! Heute kommt mir sowas schon mal in den Sinn. Heute sind die Tage wertvoll und wollen genutzt, genossen, ausgefüllt sein, nicht vertrödelt und vertan. Mir scheint es fast, als würden wir im Laufe des Lebens sukzessive inkarnieren.

Wörtlich bedeutet es „zu Fleisch werden" (klingt auf Latein eindeutig appetitlicher). Als kämen wir mehr und mehr hier an, als entstünde immer mehr Anhaftung, als verwebten wir uns stärker mit diesem einen aktuellen Leben.

Aber wenn dem so ist, dass uns das eigene Ende immer mehr ins Bewusstsein schwappt, je älter wir werden, warum sollten wir uns dann mit diesem unangenehmen Thema auch noch befassen und uns damit den Tag versauen, anstatt die schönen Dinge des Lebens zu genießen und den Tod einen guten Mann sein zu lassen? Verderben wir uns damit nicht die kostbare verbleibende Zeit?

Au contraire!

Death-Positive-Movement gegen die Angst

Die Angst um die eigene oder die Endlichkeit unserer Lieben ist da, wir kennen sie alle. Wenn wir uns damit nicht befassen wollen, müssen wir sie wohl oder übel aktiv wegdrängen. Das kostet Energie, die für andere Aufgaben nicht zur Verfügung steht. Verdrängung macht sich häufig auch noch auf unangenehme Weise bemerkbar, in überhöhtem Medien-, Alkohol-, Shopping- oder Sonstwas-Konsum. Weggedrängte Angst hat die Eigenschaft, unter der Oberfläche zu lauern und wie ein unbeliebter Onkel zu vollkommen unpassenden Gelegenheiten aufzutauchen und rumzunerven.

Wenn dann die Kraft für eine erfolgreiche Verdrängung fehlt und die Nerven, aus welchen Gründen auch immer, gerade blank liegen, dann taucht die Angst auf, auch mal verkleidet als Angst vor etwas anderem oder als somatisches Stresssymptom – und das mit voller Wucht. Das kann bis hin zu Panikattacken psychisch sehr unangenehme Folgen haben. Ich weiß, wovon ich rede....

Angst essen Leben auf
Ein Erfahrungsbericht

Denkst du, sie kommen nur nachts? Sie kommen, wenn alle anderen schlafen? Dass sie sich im Dunklen anschleichen und einen dann peinigen? Nein, so waren meine Dämonen nicht. Sie gehörten zur hyperaktiven Sorte. Sie waren Tag und Nacht im Einsatz! Sie hielten jahrelang durch und waren dabei offenbar vollkommen resistent gegen jede Ermüdung oder gar Burnout. Sie waren stets in Topform. Solche Mitarbeiterinnen wünscht sich jede Chefin. Man muss jedoch damit leben, dass es sich um eine äußerst übergriffige und distanzlose Spezies handelt. Unbegründete Ängste und Panikattacken. Ich hatte sie nicht eingestellt oder gerufen, es gab in meinem Leben auch gar keinen Anlass für diese ungebetenen Untermieterinnen. Dachte ich.

Es begann schleichend. Mit Anfang 40 hatte ich beim Radfahren das Gefühl, nicht richtig durchatmen zu können, und fühlte eine Enge in der Brust. Ich bekam nach einer Weile Angst, es könnte der Beginn einer schlimmen Krankheit sein. Immer schon hypochondrisch bis panisch, was Berichte und Geschichten über Krebs betraf, versuchte ich die Symptome eine Weile zu ignorieren. Dann ging ich zitternd doch zum Arzt. Kein Befund, riesige Erleichterung! Das Symptom blieb, die Angst kam wieder. Sie bezog sich jetzt auf jedes Ziehen, Stechen, Wehwehchen, das ich irgendwo im Köper ausmachte. Sofort dachte ich wieder: Ist bestimmt was Schlimmes.

Eines Tages schaute mich eine Bekannte an und meinte, ich solle sofort meinen Leberfleck im Gesicht untersuchen lassen. Sowas könne ganz schnell gefährlich werden. Fortan schmerzte der Leberfleck, und ich fantasierte Tag und Nacht von Horrorszenarien, wie ich daran sterben würde. Zu der Zeit waren mein Mann und ich gerade dabei, ein altes Bauernhaus als Ferienhaus sanieren zu lassen. Aber ich glaubte schon nicht mehr daran, dass ich die Fertigstellung noch erleben würde. Als mir dann ein Arzt die Harmlosigkeit meines Leberflecks attestierte, brach ich vor Erleichterung in Tränen aus. Damit hatte ich ehrlich nicht gerechnet.

Aber es ging weiter. Ich hatte ständig die schlimmsten Horrorvisionen und Angst vor dem Sterben. Hinzu kamen Ängste, mein Mann könnte sterbenskrank werden. Schlafstörungen, Albträume, Panikattacken waren treue Begleiter. Es kam zu Schwindelattacken bei geringster Höhe, zu Panik vor bestimmten Wegen, vor dem Fliegen sowieso, und es begann die Angst vor der Angst. Eine Veranstaltung und Lektüre zu den Themen „Leben mit Angststörung" oder „Verhaltenstipps bei Panikattacken" hatten keine nachhaltigen Effekte. Nur kurz ging es mir danach etwas besser, weil es sich nach einem „Psychothema" anfühlte und nicht nach einer lebensbegrenzenden Krankheit.

Mein Geist und mein Körper waren in dieser Zeit in einem so angespannten Zustand, dass ich nur noch durch Alkohol kurze Momente von angstfreier Fröhlichkeit und Leichtigkeit erlebte. Aber frage nicht nach dem Morgen danach. Dämonen und Ängste lieben den Kater. Sie wüteten an den Tagen nach Trinkgelagen vollkommen ungehemmt. Die Angst schien mein ganzes Leben aufzufressen.

Zeit für eine Therapie. Mit der Therapeutin sprach ich aber gar nicht so sehr über die Ängste, weil ich die Befürchtung hatte, wenn ich sie ausspräche, dann manifestierten sie sich. Also redeten wir über die Enge in meiner Brust, über die Probleme mit meinem verhaltensauffälligen, pubertierenden ältesten Stiefsohn, der mir zuhause das Leben schwer machte, über die daraus entstehenden Probleme mit meinem Mann und darüber, wie ich mich frei machen sollte von meinen Verpflichtungen gegenüber der Familie, die ja laut Therapeutin gar nicht „meine" Familie war. Das alles war nicht hilfreich. Ich hatte überdies das Gefühl, die Therapeutin nicht zu sehr belasten zu dürfen, weil sie ständig gähnte, offensichtlich müde war und überlastet. Ich dachte: Vielleicht ist Therapie so? Später lernte ich: Das geht auch ganz anders. Aber das steht auf einem anderen Blatt.

Dennoch kam es nach etwa anderthalb Jahren in einer Sitzung zu einem Moment, der mich emotional sehr aufwühlte. Es ging um meine Mutter, deren Grab ich nun schon fast 40 Jahre lang pflegte, und ich fragte mich, ob ich es auflösen sollte. Die Therapeutin schlug vor, ich solle mich doch einmal intensiver mit meiner Mutter befassen. Das haute mich um. Es war, als würde ich in Einzelteile zerfallen. Nach der Sitzung zuhause angekommen (vormittags) schlief ich viele Stunden tief und fest. Es war etwas Bedeutendes in mir berührt worden.

Trotz eines intensiven Widerstandes dagegen, mich den alten Fotos und Dokumenten meiner Mutter zuzuwenden, die sich in sicherem Abstand verwahrt in einem alten Koffer auf dem Dachboden befanden, raffte ich mich ein paar Tage später auf und traute mich. Es war verblüffend, wie nach und nach beim Betrachten die Angst vor den Bildern schwand.

Dann schob sich eine Ahnung in mein Bewusstsein, dass ich gerade genau in jenem Alter war, in dem meine Mutter schwer erkrankt gegen die tödliche Krankheit kämpfte. In meinem Unbewussten hatte ich nie damit gerechnet, älter werden zu können, als sie es geworden war. Es ging sogar so weit, dass ich keinerlei Altersvorsorge hatte. Wozu auch? In meiner Vorstellung wäre es frech von mir gewesen, ungezogen und unmöglich, meine Mutter altermäßig zu „überleben". Es tauchten Fantasien auf, wie meine Mutter im Wissen um ihren nahenden Tod eifersüchtig auf mein junges Leben geschaut hatte, wie ihr Neid auf meine Zukunft mir eine länge Lebensspanne als die ihre verbot. Ich wollte doch brav sein und es ihr gleichtun. Und so arbeitete ich seit Jahren daran und durchlebte Ängste, als sei ich diejenige, mit der es zu Ende ging.

Meine Therapeutin gab eines Tages zu bedenken, dass eine Mutter ihren Kindern üblicherweise ein glückliches, langes, erfolgreiches und gesundes Lebe und einfach nur das Beste wünscht. Das war ein vollkommen neuer, fast unfassbarer Gedanke für mich. Konnte es wirklich sein, dass ich weiterleben sollte? Dass meine Mutter mir ein unbeschwertes Leben mit meinem Mann und meiner Familie gewünscht hatte? Nur tröpfchenweise konnte ich diesen Gedanken in mich einsickern lassen.

Langsam drang das Ungeheuerliche in mein Bewusstsein: Ich spielte das Leben meiner Mutter nach, hatte ihr Schicksal für meines gehalten. Ihre Krankheit und ihr Sterben waren geschehen, als ich noch keine kognitiven Möglichkeiten hatte, mich von ihr zu unterscheiden. Ihre Emotionen waren die meinen, ihre Angst und Panik vor dem Tod die meine. Jetzt aber wurde ich langsam erwachsen. Löste mich aus der Emotions-Symbiose und fühlte mich meiner Mutter erstmals seit ihrem Tod wirklich nah.

Nach und nach ging es mir besser, die Ängste wurden weniger, Panik brach seltener aus. Ich traute mich an Plätze, die ich lange gemieden hatte, lernte, dass es ein Leben ohne permanente Gedankenkreisel um den Tod gibt.

Während meiner sukzessiven und vollständigen Genesung von den Ängsten, blieb das Grab meiner Mutter noch weitere zehn Jahre bestehen, bis ich es nach fünfzig Jahren Ruhezeit auflösen ließ.

Ich fand noch einmal Bilder von ihr, die ich immer übersehen hatte, ging auf Forschungsreise in ihre alte Heimat Sachsen-Anhalt, in der ich nie zuvor gewesen war. Fand das Haus, in dem sie mit meinen lieben Großeltern gelebt hatte, ihre Jugend und als junge Frau die Kriegsjahre verbracht hatte. Diese Reise war auf wundersame Weise ein weiteres Puzzleteil zu Heilung und innerer Ruhe, zu einem Ankommen in meinem Leben.

Am Ende dieser persönlichen Geschichte ein Zitat von Jack Kornfield, Buddhist und Autor unter anderem des Buches „Das weise Herz":

"Letting go is not the same as aversion, struggling to get rid of something. We cannot genuinely let go of what we resist. What we resist and fear secretly follows us even as we push it away. To let go of fear or trauma, we need to acknowledge just how it is. We need to feel it fully and accept that it is so. It is as it is. Letting go begins with letting be."

"Loslassen ist nicht dasselbe wie etwas loszuwerden. Wir können nicht wirklich loslassen, was wir ablehnen. Was wir ablehnen und fürchten, verfolgt uns heimlich, selbst wenn wir es wegschieben. Um Angst oder Trauma loszulassen, müssen wir anerkennen, wie es ist. Wir müssen es vollständig fühlen und akzeptieren, dass es so ist. Es ist, wie es ist. Loslassen beginnt mit dem Seinlassen."

Kapitel 2 | Sterbebegleitung

Microdosing Tod

Annäherung an das Thema oder wie alles begann:

2019 hörte ich ein beeindruckendes Interview mit dem Bestatter Eric Wrede, und es keimte die Idee in mir, Bestatterin zu werden. Das Konzept, von dem Wrede da sprach, erschien mir absolut zeitgemäß, erfrischend anders und vor allem frei von traditionellem Schmus, den keiner mehr braucht. So wollte ich es auch machen. Nicht mit teuren Särgen Geld verdienen, sondern mit viel Service. Die Hinterbliebenen fragen, wie sie sich einen gelungenen Abschied vorstellen, eine gute Beratung anbieten, die auch ungewöhnliche und kreative Lösungen zulassen kann, Familie, Freunde, Kinder, alle einbeziehen, damit das Schwere wirklich gut gelingt.

Leider bin ich eine Schisserin, und so lag ich nachts wach und fantasierte von zerstörten Körpern, die nach einem suizidalen

Sturz vom Hochhaus vom Pflaster zu kratzen wären, von Szenarien in Kühlkammern von Krankenhäusern, und ich fing an Albträume zu bekommen. Mein Mann riet ab. Ich könne ja nicht mal Filme schauen, die ab 16 freigegeben seien. Und da sei alles nur gespielt!

Geknickt und erleichtert lies ich nach ein paar Wochen von meiner neuen Geschäftsidee ab. Aber irgendetwas an dem Thema hatte sich doch in mir verfangen. Und so reagierte ich auf eine Anzeige des Hamburger Hospizes und ging todesmutig (haha) zum Tag der offenen Tür und zu einer Info-Veranstaltung für ehrenamtliche Sterbebegleiter:innen. So einfach ließ ich den Tod also doch nicht von der Schippe. Außerdem hatte ich den Verdacht und die Hoffnung: wenn ich mich meiner großen Angst vor dem Sterben und dem Tod mal stellte, dann würde sie vielleicht abklingen. Um mich dabei nicht zu überfordern, beschloss ich also der Angst bei guter Gesundheit zu begegnen, behutsam und vorsichtig. In der Ausbildung als ehrenamtliche Sterbebegleiterin. Microdosing Tod war meine Lösung.

Spoiler: Es ist eine überwältigende Fülle dabei herausgekommen. Viel Freiheit und ein Leben, das immer intensiver und besser wird.

Kann man Sterbebegleitung lernen?

Der Diplom-Sozialpädagoge Manfred Hillmann hat eine Erfahrung beschrieben, in der ich mich wiederfinde (in dem von ihm mitverfassten Buch „Sterben und Gelassenheit"). Er wurde gefragt, ob er einen Hospizverein mitgründen und die Leitung übernehmen würde. Er schrieb: „Ich fühlte mich wegen der Anfrage geschmeichelt. Gleichzeitig spürte ich Beklemmung. Hospiz – Leiden – Sterben – Tod – Trauer – Dunkles – Schweres – Belastendes – Lähmendes umschreibt so ungefähr das in mir entfachte Bilder- und Stimmungskonzert. Überhaupt war ich gerade in einer beruflich heiteren Zukunftsstimmung. Trotzdem entschied ich mich für die Hospizarbeit. Zu meiner Entlastung in der Begegnung mit dem Thema Tod und Sterben wollte ich den zu gründenden Verein wohl leiten und repräsentieren, ansonsten mich aber in praktische Sterbebegleitung nicht einmischen. Wohl aus Angst oder Befürchtung von Freudeverlust im Sinne der beschriebenen Gefühle und Gedanken. Während eines fünf Wochenenden umfassenden Einführungskurses in die Sterbe- und Trauerbegleitung, zu dem ich mich dann doch entschloss, wandelte sich alles. All meine belastenden Gedanken und Gefühle erfuhren eine Vertiefung, bekamen sozusagen eine andere Farbe und wurden weiter. Ich spürte, dass sich in der Nähe der Angst auch das Vertrauen aufhält und dass das als dunkel Empfundene auch eine lichtvolle Seite hat. Der Tod ist ein Begleiter des Lebens und das Leben ein Begleiter des Todes."

Für mich birgt es auch die Erkenntnis: sich mit dem unfassbaren Leid anderer Menschen zu befassen, sich davon wirklich berühren zu lassen, ohne dass es einen fertigmacht – das ist eine hohe Kunst. Da ist mit dem Ego wahrlich nicht viel zu holen.

Erfahrungen aus Qualifizierungskurs und Begleitungen

Bringt das etwas, einfach nur beieinander zu sein? Bei der Arbeit in meiner Agentur geht es immer um Effizienz und Effektivität. Rumsitzen bringt kein Geld. Wenn ich mich mit etwas beschäftige, dann soll was dabei herauskommen. Und auch Mitarbeiter:innen bezahle ich nicht für ihre bloße Anwesenheit.

Ganz anders aber läuft es bei der ehrenamtlichen Hospizarbeit. Ich gehe zu jemanden zu Besuch, den ich nicht kenne, ich sitze bei ihm oder ihr, und dann gehe ich nach zwei Stunden wieder weg. Was ist hier zwischendurch passiert? Ich sehe keinen Unterschied. Habe ich etwas geschafft? Ich habe nicht gefüttert oder gepflegt oder geputzt oder behördliche Dinge geregelt (alles Dinge, die ausdrücklich nicht zu meinem Aufgabenbereich als Sterbebegleiterin gehören). Stattdessen habe ich nur zugehört, vielleicht einen Spaziergang gemacht oder etwas gespielt.

Außerdem ging es auch überhaupt nicht um mich! Ein komisches Gefühl. Ungewohnt. Wie gehe ich damit um, dass ich mit den Leitsätzen meines Berufslebens hier nicht weit komme?

Sollten wir nicht immer so sein?

Dieses „einfach da sein", nicht einmischen, nicht bewerten, nicht rechthabenwollen, keine Ratschläge geben – das haben wir im Kurs miteinander geübt. Und dass man das üben muss, obwohl es sich so gut und richtig anfühlt und eine so wohltuende Art ist, miteinander zu sein, ist schon seltsam, oder?

Hier eine der Übungen: Erst spricht eine Person 30 Minuten lang, dann die andere. Keine Unterbrechungen, möglichst wenige Sozialgeräusche („hm, ja, ach! echt?"), nicht mal Nachfragen. Zwei halbstündige Monologe. Manch eine:n mag es an Begegnungen mit Eltern oder Lehrer:innen erinnern, meist nicht so angenehme Erinnerungen, weil da das Zuhören von der anderen Seite fehlte. Aber hier geht es um uns beide und um Offenheit (auch die fehlte bei den elterlichen Monologen häufig). In der großen Runde erzählten wir dann, was wir gehört hatten. Viele waren verblüfft, welche Details da erinnert wurden und worauf die Betonung lag. Dieser Spiegel, dieses Feedback sorgte für Klarheit. Klarheit darüber, was ich selbst 30 Minuten lang erzählt hatte. Und wir machten die Erfahrung, wie es sich anfühlt, wenn jemand für uns einfach den Raum hält und uns 30 Minuten lang ungeteilte Aufmerksamkeit schenkt. Eine seltene Wohltat.

Kommunikation – oder eben auch nicht.

Eine andere Übung sollte uns darauf vorbereiten, dass eine sterbende Person unter Umständen nicht mehr sprechen kann oder möchte und unter physischen oder psychischen Schmerzen leidet. Das brachte einige Kursteilnehmende an ihre Grenzen. Wieder zwei Personen, eine zieht sich in sich zurück, stellt sich eine sehr belastende Situation vor, ballt eine Faust, bleibt ganz dabei und ist ganz bei sich. Kein Kontakt. Das Gegenüber sitzt da und macht erst mal nichts. Einige begannen zu weinen, weil sie einen Schmerz sehr wahrhaftig fühlten. Manches Gegenüber spendete dann körperlich Trost, berührte den Arm, nahm in den Arm. Oder jemand fand das Schweigen vollkommen unnatürlich, hielt es nicht aus und redete also trotzdem. Oder fühlte sich als Begleitender überfordert mit dem stummen Schmerz und wackelte die ganze Zeit auf dem Stuhl herum.

Die Intensität der nonverbalen Kommunikation wurde in der Übung überdeutlich. Jede Regung überträgt sich, die schmerzlichen Gefühle übertragen sich, die Unruhe des Unruhigen überträgt sich, Widerwille und Fluchtgedanken sowieso.

Unser Learning: Wenn die Situation nicht auszuhalten ist, dann fühlt der oder die Leidende das ganz genau und es ist für BEIDE besser, wenn das angesprochen wird und man die Situation abbricht und geht. (Vielleicht so: Ich kann das schlecht ertragen, hier bei Ihnen zu sitzen und nichts tun zu können, ich denke, es ist vielleicht besser, wenn ich gehe.) Und wir sind auch aufgefordert genau hinzuspüren, ob unsere körperliche Annäherung erwünscht ist oder als zu viel empfunden wird. Wie gesagt: Es teilt sich mit! Wir können dem vertrauen, was wir wahrnehmen. Und das nicht nur im Umgang mit Sterbenden.

Die Erfahrung, WIE viel sich nonverbal mitteilt, vertiefte sich in einem Workshop auf der Messe „Leben und Tod" noch einmal. Denn das Thema war „Deep Listening". Jens Pingel, der den Workshop leitete, schrieb in einer Ankündigung: „Deep Listening orientiert sich am personenzentrierten Ansatz der humanistischen Psychologie, aktuellen Ergebnissen der Neurowissenschaften und kombiniert diese mit einem tiefen universellen, glaubens-unabhängigen Verständnis von Meditation und Mitgefühl der buddhistischen Tradition." So sachlich wie es klingt, so emotional war das Erleben. Wir wurden zunächst aufgefordert, einen Ort in unserem Körper zu finden, mit dem wir zuhören wollten. Das konnte auf Herzhöhe sein oder auch der Fuß oder der Ellenbogen. Einfach erspüren und der Entscheidung vertrauen. Dann saßen wir uns in einer neutralen, mitfühlenden Haltung zu zweit gegenüber und schwiegen. Ich war die Zuhörerin und hatte mir als Hörorgan meine rechte Schulter ausgewählt. Es fühlte sich natürlich an, die Schulter als den Ausgangsort des Zuhörens zu erleben und es fühlte sich natürlich an, dem Schweigen meines Gegenübers zu lauschen. Nach etwa 10 Minuten tauschten wir uns kurz über das Erlebte aus. Ich beschrieb meiner Partnerin, was ich wahrgenommen habe. Welche Regungen und Unsicherheiten es gab, an welcher Stelle Unruhe aufgekommen war, welche Fluchtimpulse ich „gehört" hatte. Sie war erschrocken und äußerte die Befürchtung, dass sie als offenes Buch durch die Welt gehe, man ihr alle Gedanken und Regungen ansehe, sie nichts verbergen könne vor der Welt. „Ich glaube, ich muss mich besser schützen" sagte sie. Aber ich hätte all das nicht wahrgenommen, wenn ich nicht zu dieser besonderen Art des Zuhörens aufgefordert worden wäre, wenn wir beide diese Nähe nicht hätten zulassen wollen.

Grenzen sind offenbar doch manchmal zu was gut.

Wieder zurück im Qualifizierungskurs. Wir loteten unsere Grenzen aus: Was mute ich mir zu? Was mute ich dem anderen zu? Wir spürten hinein, wie weit ein Gegenüber auf uns zugehen darf, wie weit es absolut komfortabel ist, bis wir stopp! sagen. Erst, wenn unsere Nasen sich schon fast berühren? Oder früher? Oder gleich? Ist es nicht unhöflich, jemanden ganz weit auf Abstand zu halten? Denkt sie/er dann vielleicht, ich mag sie/ihn nicht oder noch schlimmer, ich kann sie/ihn nicht riechen? Und ist das nicht peinlich? Bei diesem Versuchsaufbau konnte ich gut lernen, ob ich Probleme habe, mich abzugrenzen und stopp oder nein zu sagen, wenn mir danach ist. Oder überhaupt mal das Gefühl zuzulassen, das mir etwas zu nah kommt.

Diese Erfahrungen sind sowohl für die begleitete als auch für die begleitende Person wichtig. Jemandem, in dessen Privatsphäre wir zu Besuch sind, sollten wir mit absoluter Achtsamkeit und Feingefühl für seine Grenzen begegnen. Aber auch die Begleitende darf und soll sich schützen. Wir alle haben eine private Komfortzone um uns herum, vielleicht eine Aura, von der wir nicht möchten, dass jemand in sie eindringt. Wir sind wiederum eingeladen, unseren Gefühlen, unserer Intuition zu folgen – und nicht so sehr gedanklichen Konzepten und gesellschaftlichen Konventionen.

Mehr und mehr lernten wir in der Gruppe oder einer Zweierübung, auf uns zu achten, uns selbst wahrzunehmen. Das war gar nicht so leicht, denn in unserer Gesellschaft ist Senden und Bewerten seliger denn Wahrnehmen und Fühlen. Wir erleben üblicherweise ständige innere Dialoge. („Hoffentlich stellt sich in der Pause die Sitznachbarin mal zu mir, die finde ich nett. Aber irgendwie will ich auch meine Ruhe haben.") Wir erleben Befürchtungen und Bewertungen und fragen uns, was andere denken oder gar über uns denken („Fanden die das jetzt dumm, was ich gefragt habe?") oder wir bewerten ("Was für ein Kleid! Steht ihr null!").

Einfach nur wahrzunehmen, was gerade ist, wie ich mich fühle, das lernten wir hier. Und auch bei denjenigen, die schon viel Achtsamkeitspraxis, Meditations- und Selbsterfahrung hatten, verstärkte sich die Wahrnehmung in diesem fast vorurteilsfreien Raum noch einmal. Das Sterben war zwar im Kurs nicht immer das ausgesprochene Thema, aber es war ein Hintergrundrauschen, das das Erleben tatsächlich zu vertiefen schien.

Hospizliche Haltung. Klingt erst mal doof, ist es aber nicht.

Es gibt keine Dogmen oder unumstößlichen Wahrheiten in der Sterbebegleitung. Denn Sterben ist ein zutiefst individueller Weg, und es gilt diesen Weg mit Respekt und innerer Offenheit zu begleiten.

Bei der hospizlichen Haltung, so lernten wir, empfindet sich der Begleitende als weißes Blatt, das immer neu beschrieben werden kann. Im Detail bedeutet das: Wir urteilen nicht darüber, wie die sterbende Person ihr Leben geführt hat und führt. Wie sie sich ihren Angehörigen, Freunden oder dem Pflegedienst gegenüber verhält. Wir mischen uns nicht ein.

Auch nicht, wenn er oder sie mit dem Schicksal hadert, sich selbst oder anderen dafür die „Schuld" gibt. Denn häufig sind Schuldzuweisungen ein Versuch der Psyche, bei einer schweren Diagnose oder dem gerade erlebten Verlust eines geliebten Menschen mit der schier unerträglichen Ohnmacht umzugehen. Mitunter werden dann Ärzte bezichtigt, Fehler begangen zu haben. Oder man verurteilt sich selbst. „Wenn das nicht falsch gelaufen wäre, dann wäre alles anders gekommen. Wenn ich nicht diesen oder jenen Fehler gemacht hätte, dann hätte das Schlimmste abgewendet werden können." So versucht sich die Psyche ein Stück (vermeintliche) Kontrolle zurückzuerobern.

Als Sterbebegleiter:innen sind wir angehalten, diese Schuldzuweisungen nicht zu werten oder zu versuchen, sie zu entkräften. Die begleitende Person ist nicht das Thema, sondern ein Resonanzboden. Und natürlich können wir unserem Mitgefühl Ausdruck verleihen. Denn wir fühlen doch: Es muss gerade sehr schwer sein.

Das bedeutet nicht, dass wir als Begleitende nie von uns erzählen dürfen. Für manche Menschen sind wir wie ein Fenster nach draußen, sollen erzählen, was wir erleben und wie wir bestimmte Dinge, die in der Welt geschehen, einschätzen. Und hospizliche Haltung bedeutet auch nicht, dass wir alles ertragen, alles aushalten müssen. Rassismus, Sexismus, Abwertungen, Äußerungen oder Handlungen, die unserem inneren Kompass zuwiderlaufen, müssen wir nicht kommentarlos hinnehmen und uns Woche für Woche bieten lassen. Hier gibt es immer die Möglichkeit, mit den Koordinator:innen des Hospizdienstes zu sprechen, die Vorkommnisse in die Supervision einzubringen und/oder die Begleitung zu beenden. Grenzen zu setzen ist erwünscht, wir hatten es bereits.

Demenz: Achtsamkeit pur oder einfach nur scheiße?

Nur ein kurzer Absatz, weil es Teil der Qualifizierung war und weil es natürlich auch in das Spektrum dessen gehört, was uns bei Begleitungen begegnet. Wenn man dem Ausbilder Günter Davids Glauben schenken darf (und er hat wirklich Jahrzehnte Erfahrung!), dann ist Demenz eigentlich ein omnipotenter, achtsamer Zustand, in dem die ganze Aufmerksamkeit vollkommen im Hier und Jetzt ist. Viele Demente glauben, dass sie jung und voller Kraft sind, dass sie vielleicht 40 oder 45 Jahre alt sind und voll im Leben stehen, anstatt 85 und ziemlich krank zu sein.

Damit dieser positive Aspekt so sein darf, kommt es vor allem darauf an, dass die Umgebung liebevoll und zugewandt ist und die Betroffenen nicht mit ihren Defiziten konfrontiert. Wir sprachen im Kurs über das Beispiel, dass demente Personen nach einem bereits verstorbenen Menschen fragen. „Wann kommt denn Heinrich? Der wollte doch herkommen!" Anstatt jemanden mehrmals täglich mit dem Tod der sehnlich erwarteten und vermissten Person zu konfrontieren und jedes Mal Trauer und Verzweiflung auszulösen, könnte man nach Heinrich fragen oder über ihn sprechen. „Wie haben Sie Ihren Heinrich eigentlich kennen gelernt?" „Isst Heinrich auch so gerne Kartoffeln wie Sie?"

Zu Demenz, den verschiedenen Stadien der Demenz, der richtigen Architektur für Betroffene, den richtigen Umgang für Pflegende und Angehörige gibt es viele gute Bücher, Ratgeber und Beratungsstellen. Auch wenn ich meine Schwiegermutter erlebt habe, wie sie dement wurde und in einer Pflegeeinrichtung lebte, die nicht gut auf ihre Bedürfnisse eingestellt war, bin ich überhaupt keine Expertin für dieses Thema. Daher will ich es bei diesen Sätzen dazu belassen.

Lieber nicht

Es gibt auch gute Gründe, nicht mit der Sterbebegleitung zu beginnen. Der Impuls, aus eigener Betroffenheit andere zu begleiten, ist sicher der häufigste. Wenn die eigene Betroffenheit jedoch sehr aktuell ist, wenn der eigene Verarbeitungsprozess noch im vollen Gange ist, mag es noch keine gute Idee sein, sich für einen Qualifizierungskurs anzumelden. Eine emotionale Stabilität, die Möglichkeit, sich ganz auf den Weg einer anderen Person einzulassen: Das sind gute Voraussetzungen, um eine zuverlässige

Begleitung anbieten und durchhalten zu können. Nicht mehr automatisch mit dem selbst Erlebten zu vergleichen oder zu meinen, man sei gerade die richtige Expertin für den anderen.

Es ist eine Frage der Selbstfürsorge, sich in Zeiten von Instabilität Raum für den eigenen Weg zu nehmen, bei sich bleiben zu dürfen, keine emotional anstrengenden Verpflichtungen anzunehmen. Auch wenn es in einem Qualifizierungskurs um Selbsterfahrung und Selbstregulierung geht, ist es nicht der Ort, der eine Selbsthilfe- oder Trauergruppe ersetzt. Die Kursteilnehmer:innen haben ein Recht darauf, sich auf ihre eigene Erfahrung beziehen zu dürfen. Sie sind nicht der soziale Background und zuständig, für jemanden in einer akuten Krise den Raum zu halten. In aller Regel kann man sich darauf verlassen, dass die Veranstalter:innen diese Menschen vor Beginn des Kurses identifizieren und von einer Teilnahme (vorerst) ausschließen. Zu einem späteren Zeitpunkt mögen sie genau die Richtigen sein und eine Bereicherung für das Team der Ehrenamtlichen.

Kapitel 3 | Sterben

Der Prozess

Wann beginnt eigentlich das Sterben? Mit der Geburt? Ab einem bestimmten Alter? Mit der Diagnose einer potenziell lebensbegrenzenden Krankheit? Oder wenn ein Mensch verstanden und akzeptiert hat, dass er sterben wird?

Friederike Boissevain, Ärztin in Kiel, Zen-Buddhistin und Mitbegründerin des Hospizvereines Dänischer Wohld, formuliert es so: „Früher war das ein kurzer Zeitraum, wo ein Mensch wirklich in der Agonie war. Heute dauert das Sterben meist deutlich länger, jedenfalls bei einer chronischen Erkrankung. Wir müssen den Begriff weiter fassen. Und vielleicht nennen wir es besser so: wenn der Abschied beginnt. Und das ist etwa bei uns in der Onkologie, sobald die Diagnose vorliegt, dass diese Erkrankung unheilbar ist. Ab da ändert sich das Leben komplett. ... Mit der Diagnose wird das Leben auf den Kopf gestellt, vieles, was mich ausmacht, löst sich einfach auf. Das Körperbild, Sexualität, Essen und Essen gehen, Unternehmungen, auch

Wohlstand gerade bei jüngeren Menschen – all diese Attribute, die man sich hart erarbeitet hat, fallen weg. Hier beginnt der spirituelle, der existenzielle Schmerz."

Das Sterben ist nicht nur ein medizinischer Prozess, sondern auch ein spiritueller. Es kann helfen, sich mit Modellen von Sterbephasen zu befassen, um auf Verhaltensweisen oder Reaktionen Sterbender vorbereitet zu sein. Die Modelle bilden keine idealtypische Realität ab. Wie gesagt: Sterben ist so individuell, wie der Mensch selbst. Daher ist eine zeitliche Eingrenzung des Sterbens auch nicht sinnvoll. Und ich denke, niemand hält sich an eine Reihenfolge von Sterbephasen (und wenn durch Zufall). Die Kenntnis über diese Phasen hilft aber, auf Reaktionen vorbereitet zu sein und adäquat darauf reagierten zu können. Folgende Sterbephasen werden benannt:

1. Nicht-wahrhaben-wollen
    (Da muss eine Verwechslung vorliegen.)

2. Wut
    (Warum ich und nicht die dusselige Nachbarin, die hat es ja nun wirklich mehr verdient.)

3. Verhandeln
    (Wenn ich noch das Abi meiner Kinder erleben darf, will ich fortan als guter und gottesfürchtiger Mensch leben.)

4. Depression
    (Ich kann nicht mehr, alles ist nur noch dunkel und schwer.)

5. Akzeptanz
    (Es ist schwer, aber ich gebe den Kampf auf und trete den letzten Weg bewusst an.)

Lebensende gestalten

An den Beispielen Frau O. und Herr P. kann man gut sehen, wie unterschiedlich man mit der Zeit am Ende des Lebens umgehen kann.

Frau O. saß oft an einem Tischchen vor der Tür des Hauses, in dem ihre Wohnung im Hochparterre lag. Sie war froh und dankbar für die Zeit, die ihr noch blieb, für all die Zuwendung und Hilfe, die sie von Freundinnen und ihrer Nachbarschaft erhielt. Sie grüßte und lächelte jeden an, der ins Haus ging oder rauskam. Fast immer blieben die Bewohner:innen stehen oder setzten sich auf einen Kaffee oder eine Zigarette zu ihr, um mit ihr zu schwatzen. Sie bekam oft Blumen (verschenkte allerdings auch ständig welche), und jeder und jede mochte mit ihr Zeit verbringen. Ein Nachbar wurde ihr bester Freund und besuchte und pflegte sie aufopfernd bis zu ihrem letzten Tag. Wenn der Pflegedienst kam oder sie im Krankenhaus lag, hatte sie immer einen flotten Spruch parat für das Pflegepersonal und die Ärzt:innen. Das hieß aber nicht, dass sie mit jedem und jeder gut konnte. Menschen, die sie Kraft kosteten, die ihr dumm kamen, die sie runterzogen, die schickte sie sofort in die Wüste. Ihr Gespür für Menschen, deren Ausstrahlung und Art ihr nicht guttaten, war untrüglich. Ein Mann, der gelegentlich mit ihr vor dem Krankenhaus stand und rauchte, war ihr immer unangenehm. Sie grüßte nur knapp, weiter nichts. Einmal sagte er ihr, sie sehe aber gar nicht gut aus. Dem geigte sie gleich die Meinung, dass so ein Spruch verletzend sei und er sie nicht mehr ansprechen solle. Er tat dann so, als ob er es nicht so gemeint habe. Aber alles Getue von ihm perlte von ihr ab. Sie konnte gut für sich sorgen. Und trotz ihrer Fähigkeit, sich rigoros abzugrenzen (oder vielleicht gerade deswegen) hatte sie noch viel gute Laune zu verschenken. Die Nachbarschaft richtete ein Gartenfest vor der Tür aus, mit Musik, Grillen und jeder Menge Getränke. Sie musste am Kopfende des Tisches sitzen (was ihr ein wenig peinlich war), weil sie die Königin des Hauses war. Sie wurde bedient (und ein bisschen abgefüllt), es war eine gelungene Party.

Für die Dinge, die in ihrem Leben nicht so gut gelaufen waren, übernahm sie die Verantwortung. Sie hat nicht den Mann fürs Leben gefunden. Vielleicht hat sie als schöne Frau bei den Männern zu viel Wert auf Äußerlichkeiten und Status gelegt und zu wenig aufs Herz. Das war ihr klar. Sie hatte ein schwieriges Verhältnis zu ihrem erwachsenen Sohn und sich vielmals bei ihm für die Fehler entschuldigt, die sie gemacht hat, als er klein war. Sie haderte aber nicht damit, dass sie als Kellnerin und Verkäuferin nicht so viel Geld verdient hat und nun von einer kleinen Rente leben musste. Stattdessen genoss sie ein Wellness-Wochenende am Meer in vollen Zügen, das sie (gemeinsam mit ihrer Kollegin) zum 10ten Firmen-jubiläum geschenkt bekommen hatte.

In starkem Kontrast dazu stand die Haltung von Herrn P., der nach der Krebs-Diagnose jahrelang litt, auf extreme Weise mit seinem Leben haderte und alle Probleme externalisierte. Sein Leben sei verpfuscht, er habe alles falsch gemacht, niemand habe ihn je unterstützt, schon gar nicht seine Eltern, beide nunmehr Mitte achtzig Jahre. Die kümmerten sich ständig um ihren kranken Sohn, versorgten ihn mit Geld und bezahlten unterschiedliche alternative Heilmethoden. Er fand, das stehe ihm zu. Mit Freunden traf er sich fast nicht mehr, weil er es nicht aushielt, dass die noch ein Leben haben würden, wenn er schon tot sein würde. Das wollte er nicht ertragen. Obwohl ihn die Eltern häufig übers Wochenende zu sich einluden, sprach er ständig davon, dass er so einsam sei. Auch die Schwester rief oft an (sagte aber die falschen Dinge, sodass es zum Streit kam).

Die Ärzte in den Krankenhäusern, in denen er zu Behandlungen war, nannte er unfähig und harsch, die Zimmergenossen fand er nervig. Einen fand er besonders undankbar, weil er sich mit 84 Jahren noch operieren lassen wollte. Vielmehr sollte er doch froh sein, dass er überhaupt so lange gelebt hatte.

Ja, er hatte auch vor seiner Krebs-Diagnose schon Depressionen, das machte die Situation sicher schwer für ihn. Aber er zeigte eben auch keine Eigenverantwortung oder Eigeninitiative, für sein Wohlbefinden oder ein besseres Lebensgefühl selbst zu sorgen. Dafür waren immer die anderen zuständig. Es machte fast den Eindruck, als würde er stets sein Elend und seine Bedürftigkeit betonen müssen, damit die Aufmerksamkeit und Fürsorge seines Umfeldes nicht abebbte. Wenn sich die anderen für ihn freuten, weil er wieder lesen oder fernsehen konnte (was eine Weile nicht ging), dann war er sauer auf sie: „Es gibt hier nicht zu freuen! Schließlich bin ich immer noch todkrank. Die nehmen mich überhaupt nicht ernst!"

Was war in diesem Leben schiefgelaufen, dass Herr P. in seiner schwersten Krise steckenblieb und es kein inneres Wachstum, keinen Moment der Weisheit oder Freude gab? Dass er darauf beharrte, kein Glück mehr zu erleben? Wenn etwas Schönes in Aussicht stand, eine kleine Reise, ein Treffen mit einem Freund oder dem Heiler, dann beharrte er auf der psychischen Störung, die ihm im Weg stand, um keine Freude fühlen zu müssen.

Über die Monate der Begleitung zermürbte mich dieses Beharren auf dem Negativen. Aber so zermürbt ich mich nach längerem Umgang mit ihm fühlte, fühlte er sich sicherlich dauerhaft. Die immergleiche negative Sicht auf alles und (fast) jeden war zersetzend und kostete Kraft. Kleinste Momente von Humor und gelöster Stimmung konnten diesen Abgrund nicht füllen. Dem

Beharren darauf, dass es aufgrund der Depression nie besser werden würde, war nichts entgegenzusetzen. Man konnte es nur hinnehmen.

Bei aller Trauer um das Schicksal dieses Mannes, der – das war zu spüren – einen kreativen, lustigen, charmanten Kern hatte, erlebte ich die Treffen mit ihm als lehrreich. Was musste ich tun, um nicht so zu werden? Was konnte ich tun, damit mein kreativer, lustiger und charmanter Kern nicht untergehe, wenn ich mal krank würde? Konnte ich dafür etwas tun?

Die Antwort: Ja, ich konnte und ich kann. Ich versuche mit guter Therapie rechtzeitig meine Traumata zu heilen, mit Mut zu Veränderungen innerlich zu wachsen, mit Improtheater anzunehmen lernen, was ist, mit Fürsorge für meine Beziehungen Vertrauen zu gewinnen. Mit einem bewussten Umgang mit Krisen bemühe ich mich darum, dass ich offen bleibe für das Leben, auch wenn es sich einmal zuzuziehen scheint. Und ich versuche möglichst unabhängig zu werden von Menschen, die mir nicht guttun.

Hospiz

Eigentlich will niemand ins Hospiz. Aus nur allzu verständlichen Gründen. Es ist so gut wie immer der letzte Umzug, er manifestiert das kommende Lebensende unwiederbringlich. Das macht Angst. Und doch ist es ein Segen, dass es Hospize gibt und ein Segen für diejenigen, die in einem guten Hospiz aufgefangen werden und gemeinsam mit ihren Angehörigen in einer wertschätzenden, die Bedürfnisse der Gäste respektierenden Atmosphäre ihren letzten Weg gehen können.

Um einen Platz in einem Hospiz zu bekommen, gibt es klar definierte Vorgaben. Voraussetzung ist der Antrag durch eine Ärztin oder einen Arzt. Im Hospiz werden die Gäste, wie sie dort genannt werden, rundum versorgt. Es geht darum, ihnen das Leben so angenehm wie möglich zu machen. In einem Hospiz, das ich kenne, werden Essenwünsche erfüllt, Essenzeiten sind flexibel, es darf bei Bedarf im Bett (über einer feuerfesten Decke) geraucht oder gekifft werden, man bekommt auf Wunsch Alkohol ausgeschenkt, niemand wird hier erzogen, niemandem wird ein gesünderer Lebensstil empfohlen, niemand wird gezwungen, sich pflegen oder waschen zu lassen, wenn er oder sie nicht möchte. Begleitung durch ehrenamtliche Mitarbeiter:innen wird angeboten, Besuch ist erlaubt und erwünscht und kann sogar im Zimmer (oder manchmal in einem Ausweichzimmer) übernachten. Die medikamentöse Versorgung wird von einem erfahrenen Team gewährleistet. Auf Wunsch kann eine sogenannte palliative Sedierung vorgenommen werden. Das bedeutet, dass der Gast sich in einen Schlafzustand versetzen lassen kann, wenn die Beschwerden ihm oder ihr unerträglich werden und medikamentös nichts mehr zu machen ist.

Die Existenz von Hospizen ist ein Fortschritt für unsere Gesellschaft, denn es gab sie nicht immer. Die letzten Wochen oder Tage in einem Hospiz zu verbringen statt in einem Krankenhaus oder zuhause, kann eine enorme Entlastung sein für Sterbende und ihre Angehörigen.

Zuhause sterben und begleiten

Die meisten Menschen wünschen sich allerdings, zuhause sterben zu können. Häufig pflegen und begleiten Angehörige, nicht selten bis zur absoluten Erschöpfung. Neben den körperlichen und psychischen Herausforderungen ist es oft der Kampf mit Krankenkassen und Behörden um Hilfsmittel, Geld und Unterstützung, der zermürbt und auslaugt. Jede und jeder muss sich zur Expertin fortbilden. Eine große Unterstützung ist es, wenn man ein sogenanntes SAPV-Team für spezialisierte ambulante Palliativversorgung an seiner Seite hat. Ein solches Team ist zuständig für die Pflege und medizinische Versorgung. Es ist erstaunlich, was hier alles geht. Es steht den Teams nicht nur mehr Zeit zur Verfügung als einem „normalen" Pflegedienst, der alte und hilfsbedürftige Menschen versorgt. Es hilft auch bei der Vermittlung von Haushaltshilfen, Physiotherapie und vermittelt bei Bedarf einen ambulanten Hospizdienst. Der kann nach einem persönlichen Kennenlernen und Aufnahmegespräch eine ehrenamtliche, qualifizierte Sterbebegleiterin oder einen Sterbebegleiter schicken. Begleitet werden entweder die Angehörigen oder die Patient:innen (nicht beide von einer Person wegen der Interessenkonflikte), und das bis zum Tod. Meist ist es ein wöchentlicher Besuch, der je nach den Bedürfnissen und Möglichkeiten der begleiteten Person gestaltet werden kann.

Wenn sich der Zustand der begleiteten Person wieder bessert, was gar nicht so selten der Fall ist, kann die Begleitung auch wieder beendet werden. Einige Patient:innen erholen sich sukzessive, wenn sie aus den aufwändigen und häufig strapaziösen Behandlungen im Krankenhaus nach Hause kommen. Sie sind dann im besten Fall von geliebten Menschen umgeben, bekommen das Essen, auf das sie Lust haben, sind in ihrer gewohnten Umgebung, haben schöne Dinge um sich und können zur Ruhe kommen. Wenn der „gute" Zustand anhält oder sich sogar immer weiter bessert, kann man gemeinsam besprechen, ob eine weitere Begleitung noch gewünscht und sinnvoll ist. Auch wenn es menschlich und verständlich ist, dass während einer längeren Begleitung eine gute, oft sogar eine intensive und sehr vertrauensvolle Beziehung entsteht, so ist es nicht erwünscht oder erstrebenswert, dass eine Freundschaft daraus wird. Die

Ehrenamtlichen sind qualifiziert und angetreten, um sterbende Menschen zu begleiten und nicht, um Menschen, die bei einigermaßen guter Gesundheit, aber unter Umständen einsam sind, zu betreuen oder um Freund:innen zu finden, von denen die meisten am Ende der Beziehung verstorben sein werden.

Weil es nur allzu menschlich ist, dass Grenzen verschwimmen, dass Rollen nicht immer eindeutig verteilt sind, dass zwischenmenschliche Probleme auftauchen, werden in regelmäßigen Abständen Supervisionen angeboten. Hier ist der Raum und der Rahmen, um Fragen und Probleme, die in der Begleitung auftauchen, in der Gruppe in vertrauensvoller Atmosphäre zu besprechen. Es ist ein wohlwollender und wertschätzender Rahmen, in dem man sich nicht scheuen muss, seine eigenen Zweifel und Bedenken offen zu legen. Diese Supervisionen sind nicht nur für diejenigen hilfreich, die eine Frage, einen Fall vortragen, sondern meist profitieren alle Beteiligten von den Gesprächen.

Hoffnung

Ist Hoffnung ein sinnvolles Gefühl? Das können wir vielleicht gar nicht bewusst entscheiden. Wir hoffen einfach. Egal, ob bei Liebeskummer, Zahnschmerzen oder der Diagnose einer potenziell lebensbegrenzenden Krankheit. Wir hoffen, dass alles wieder gut wird, dass es wenigstens besser wird, dass es nicht so schlimm wird, dass wir davonkommen. Alles menschlich, alles normal. Einfach nur zu hoffen, reicht aber nicht, wir ergreifen auch die erforderlichen Maßnahmen, damit sich die Hoffnung erfüllt. Wir lassen uns medizinisch behandeln, wir beten, pilgern, meditieren, visualisieren oder konsultieren Heilpraktiker:innen, Schaman:innen oder Heiler:innen. Oder alle. Und das ist unser gutes Recht. So ist zumindest meine Sicht. Denn wer bin ich zu wissen, was jemandem hilft oder was nicht?

Die schlimmste Fantasie vieler ist, dass Scharlatane Heilsversprechen geben, die sie nicht halten können. Dass sie die Hoffnungen kranker Menschen ausnutzen und ihnen viel zu viel und vor allem das letzte Geld aus der Tasche ziehen. Klar, das kann es geben, es gibt alles. Aber wiederum: Wer sind wir, uns in die Hoffnungen von jemandem einzumischen, sie ihm sogar zu nehmen? Wer sind wir zu beurteilen, was helfen könnte? Hier kommt wieder die hospizliche Haltung ins Spiel: nicht werten, nicht urteilen, nichts raten, es sei denn, wir werden um Rat gefragt.

Ich habe Bücher darüber gelesen und Menschen kennengelernt, die eine Heilung von einer lebensbegrenzenden Krankheit erfahren haben, die nicht auf eine klassisch schulmedizinische Behandlung zurückzuführen war. Viele Ärztinnen und Ärzte haben schon davon gehört oder wurden selbst Zeugin oder Zeuge einer Geschichte, die nicht mit Heilmethoden, die sie im Studium gelernt haben, erklärlich ist.

Der amerikanische Arzt und Autor Jeffrey Rediger forscht seit 2003 zum Thema Spontanremissionen und hat das lesenswerte Buch „Cured" (in der deutschen Übersetzung „Geheilt") geschrieben. Rediger beschreibt darin, wie er auf einem Ärztekongress in seinem ersten Vortrag über Spontanremissionen sprach und was Ärzte daraus lernen können. Er fragte das medizinische Fachpublikum, wer schon einmal Zeuge einer Genesung geworden sei, die aus medizinischer Sicht überhaupt keinen Sinn ergab. Überall im Saal schossen die Hände nach oben. Als er fragte, wie viele von ihnen diese Fälle niedergeschrieben und ihre Beobachtungen veröffentlicht hätten, gingen alle Hände wieder herunter. „Es war also nicht so, dass Fälle von Spontanremission selten waren", beschreibt Rediger, „vielmehr hinderte uns eine Kultur der Angst und der Verurteilung daran, das Ausmaß zu erkennen. Wie viele Fälle gab es dort draußen, die aus Angst vor kollegialem Spott niemals Eingang in medizinische Fachliteratur fanden?" fragt der Autor.

Vielleicht ist es also nicht vollkommen naiv, Hoffnung zu hegen, trotz einer geringen statistischen Wahrscheinlichkeit auf Genesung.

Die Hamburger Traumatherapeutin Sonika Husfeld-Süthoff behandelt ihre Patient:innen mit der Methode des „somatic experiencing", einer vom amerikanischen Psychotherapeuten Peter Levine begründeten Körpertherapie. Sie beschreibt die Möglichkeit zur Hoffnung so: „Was passiert in mir, damit

Hoffnung möglich wird? Wenn ich ein Trauma erlebt habe, dann kontrahieren Teile des Nervensystems – eine Schutzreaktion. Das geschieht physisch, was die Lebenskraft einengt, aber es geschieht auch gedanklich, so dass wir nicht mehr so offen auf unsere Umgebung reagieren können. So entstehen dann Glaubenssätze, die dauerhaft einschränkend wirken. Wir haben tief in uns Sehnsucht nach einem Kontakt, in dem wir sein können, wie wir sind. Frühe Erfahrungen haben viele von uns gelehrt, diese Sehnsucht nicht fühlen zu wollen, ja zu dürfen. Aber wenn im Außen ein Hoffnungsschimmer entsteht, dann taucht sie wieder auf. Um Hoffnung zu haben, braucht es die Möglichkeit sich zu öffnen. Das ist der Motor, den wir für die Heilung nutzen können."

Aber es gibt nicht nur Hoffnung auf Heilung. Auch die Vorstellung von einem Leben nach dem Tod kann tröstlich sein und Hoffnung geben, denn es ist uns Menschen eigentlich kaum oder vielleicht gar nicht möglich, gedanklich unsere Nicht-Existenz zu erfassen. Weder das Noch-nicht-Sein vor unserer Geburt, noch das Nicht-mehr-Sein nach dem Tod.

Einen kleinen Einblick zumindest in die kurze Zeit während des klinischen Sterbens geben uns Berichte von Nahtoderfahrungen. Da wird von Liebe, Licht von Leichtigkeit und Freiheit gesprochen, von Begegnungen mit vorausgegangenen Lieben, die einen abholen. Wie tröstlich klingt das. Und wie schwer muss es sein, nach einer Nahtoderfahrung in einen schmerzenden, von Operationen oder einem Unfall geschundenen Körper zurückzukehren. Aber es bleibt offenbar bei einigen, die eine Sterbe-Erfahrung gemacht haben, eine innere Freiheit und vor allem eine Angstfreiheit. Der Tod wird nicht mehr gefürchtet.

Erfahrene Sterbebegleiter:innen oder Palliativarbeiter:innen berichten auch davon, dass mitunter in der letzten Sterbephase, den Tagen vor dem Tod, eine Akzepttanz eintritt, eine Ruhe, und dass die Sterbenden schon geliebte Verstorbene sehen.

Ich habe es einmal erlebt, dass eine sterbende Frau mit ihren Augen schon in einer ganz anderen Dimension zu wandern schien, sie in eine Ferne schweiften, die das Zimmer nicht zu bieten hatte. Sie murmelte „Ich freue mich auf dich." Vorsichtig fragte ich nach einer Weile, auf wen sie sich freut. Aber da war „die Magie" – wenn man so will – verflogen. Sie sah mich an und sagte: „Ich freue mich, dass du da bist." Aber es passte nicht. Ich war sicher, es war jemand anders, den sie zuvor angesprochen hatte.

Die Wissenschaft hat vielleicht andere Deutungen von derartigen Vorgängen. Ich neige zu dem Glauben, dass es Erlebnisse gibt, die sich wissenschaftlichen Erklärungen und doppelblind randomisierten Studien entziehen. Und warum sollten wir nicht für wahr nehmen, was wir oder andere wahrnehmen, wenn es uns tröstet und hilft, diesen exzeptionellen Übergang zu begleiten oder zu erleben?

Wie begegnet man Sterbenden?

Die offene Haltung, um die es gerade ging, gibt schon die Antwort: Wir begegnen ihnen am besten ganz normal und authentisch. Wir müssen uns nicht verstellen, sondern können auf natürliche Weise auf den Menschen zugehen, wie wir es bei jedem anderen tun, den wir kennen oder gerade kennenlernen. In der Arte-Serie „In Therapie" erzählt die Figur der jungen Architekturstudentin Lydia (gespielt von der fantastischen Suzanne Lindon), die eine Krebsdiagnose erhalten hat, von ihrem Vater. Er hatte sie besucht und als er merkte, dass es ihr nicht gut ging, setzte er sich zu ihr, schnappte sich Papier und Stifte und malte zwei Bilder. Auf dem ersten war Lydia, ganz blau ausgemalt. Auf dem zweiten malte er sie genauso, aber dieses Mal war das einzig Farbige eine blaue Kugel in ihrer Brust. Er zeigte ihr das erste Bild und sagte: „Manchmal denkt man, man sei nur eine Kranke. Dass die Krankheit allen Raum einnimmt. Aber die Krankheit ist nur ein Element. Wie auf dem zweiten Bild."

Ich finde es ein schönes, ein wegweisendes Bild, das uns zeigen kann, dass wir es nicht mit einer Diagnose, mit einer Krise, mit einer Erkrankung zu tun haben, sondern mit einem ganzen Menschen.

Gut wohnen

Wir können uns leicht vorstellen und möchten gerne darauf eingehen, dass sich die Bedürfnisse von schwer kranken Menschen und Sterbenden ändern. Das Essen soll leichter sein, der (gesellige) Abend ist viel früher beendet, es stellt sich eine Empfindlichkeit ein gegenüber bestimmten Stoffen auf der Haut oder lauten Stimmen und anderen Geräuschen. Und da ist noch etwas anderes, dass sich bei kranken Menschen ändert: Es ist das Raumerleben. Tatsächlich nehmen erkrankte Menschen Räume anders wahr. Aber warum und vor allem wie verändert es sich? Was kann wohltuend sein, was Stress auslösen? Diese Phänomene sind durchaus erforscht.

Zunächst ein paar allgemeine Absätze zum Verständnis von Architekturpsychologie und der Wirkung von Räumen:

Schon 1984 zeigte die Untersuchung des schwedischen Architekturprofessors Robert Ulrich, dass die Wundheilung von Patienten nach einer Operation schneller voranschreitet, wenn sie aus dem Fenster ins Grüne schauen, als wenn ihr Blick auf eine Mauer fällt. Der visuelle Kontakt mit der Natur wirkt wie ein Therapeutikum. Dass auch Farben diese Kraft entfalten können, belegte eindrucksvoll eine Studie von Axel Buether, Professor für Didaktik der visuellen Kommunikation in Wuppertal, auf drei Intensivstationen der dortigen Universitätsklinik. Das

Studiendesign war so einfach wie einleuchtend. In den Intensivstationen der Klinik, vorher im üblichen Weiß gehalten, wurden Wände, Decken und Türen in freundlichen Pastelltönen nach einem eigens entwickelten Farbkonzept gestrichen. Um ihre Wirkung optimal zur Geltung zu bringen, ließen die Forscher zudem die Neon-Leuchtmittel gegen tageslichtähnliche LEDs austauschen. Vor und nach der Renovierung erfassten Buether und sein Team Bewertungen von Patienten, Angehörigen und Personal.

Die Ergebnisse: spektakulär. Bei den Patienten stieg die Zufriedenheit mit ihrem Zimmer um 32 Prozent, das Gefühl der Privatheit darin sogar um 55 Prozent. Auch die Zufriedenheit mit der pflegerischen Betreuung lag nach den Maßnahmen um 29 Prozent höher. Das korrespondierte mit der Zufriedenheit des Personals mit seinem Arbeitsplatz, die um 41 Prozent stieg. Wie stark aber das Wohlbefinden im Raum auf die Gesundheit wirkt, beweist eine beeindruckende Zahl: Die Gabe von Neuroleptika, Medikamenten, die ein Abgleiten der Patienten in ein lebensgefährdendes Delir verhindern sollen, konnte um 30 Prozent reduziert werden.

„Wir wollen nicht behaupten, eine Umgestaltung mit Farbe könne Leben retten", resümiert Axel Buether, „aber dass die Gabe von Neuroleptika so deutlich reduziert werden konnte, zeigt, welch starken Einfluss die Faktoren Farbe und Licht auf das Wohlbefinden der Patienten haben." Wir sollten uns fragen, „was bedeuten Farben für unsere persönliche Gesundheit, für unsere Entspannung, für die Kommunikation in unseren Familien? Ich meine, wir sollten ihnen deutlich mehr Aufmerksamkeit schenken."

So wird klar, warum bedrängende Umgebungen, denen Menschen dauerhaft ausgeliefert sind, Depressionen, Bewusstseinsstörungen, Antriebslosigkeit, Aggressionen, Gewalt oder Drogenkonsum auslösen können. Umgekehrt wecken diese Erkenntnisse bei Planer:innen den Impuls, unterstützende und heilsame Räume zu schaffen.

„Als Architekt:innen können wir natürlich nicht therapeutisch tätig werden", sagt Tanja Vollmer, Professorin für Architekturpsychologie, „aber wir können mithilfe von Veränderungen im Raumerleben Erleichterung schaffen. Das ist eine wichtige Motivation für die sogenannte healing architecture."

Die Wirkung von Räumen auf kranke Menschen

"Wir wissen, dass die Wirkung von Architektur auf kranke Menschen wesentlich intensiver ist", sagt die Architektin Birgit Dietz. „Bei älteren Menschen oder Menschen mit Demenz ganz besonders. Je unsicherer der Mensch ist, desto mehr Einfluss hat die räumliche Umgebung auf ihn und sein Wohlbefinden, sein Wohlfühlen und die Gesundheit."

Tanja Vollmer konnte in einer großen Studie nachweisen, dass Krebspatientinnen ein intensives Bedürfnis nach einem großzügigeren, helleren und reizärmeren Wohnumfeld entwickelten – unabhängig davon, wie die Frauen vorher gewohnt hatten. Nach der Veränderung des Körpererlebens durch die Krankheit veränderte sich auch die Raumwahrnehmung. Eine Umgestaltung ihrer Wohnung oder sogar ein Umzug schien ihnen unverzichtbar.

Ich erlebe mitunter, dass sich das Wohnumfeld von Menschen, die zuhause gepflegt werden, nicht nur gefühlt verändert und verengt, sondern auch real. Pflegeutensilien, Medikamente, Infusionsständer, Pflegebett. Die vielen Dinge, die nun gebraucht werden, addieren sich zu einer Einrichtung, die vielleicht vorher schon ein wenig mehr Luft hätte gebrauchen können. Die Bewohner:innen, die Pflegenden, die Besucher:innen tanzen um Stapel herum, bahnen sich Wege durch eng stehende Möbel, schieben Listen und Medikamente beiseite, um ihre Kaffeetasse abstellen zu können. Niemand möchte so wohnen.

Hier kann eine sensible Unterhaltung mit dem kranken Menschen helfen. Was können wir aussortieren, um all diese jetzt wichtigen Dinge in Schränken gut erreichbar zu verstauen? Wird die zu groß gewordene Kleidung noch gebraucht? Wird man je wieder all diese Krimis lesen, wird wirklich all das Geschirr noch gebraucht? Kann man vielleicht Schubladen frei machen für Medikamente, ein

Regal leeren für die Liste mit den Notfallnummern und die Ordner mit den Unterlagen der Krankenkasse? Ist nicht gerade jetzt eine gemütliche, eine schöne Umgebung wichtig, damit die Bewohner sich weiterhin wohl fühlen, die Pflegenden Platz und übersichtlich verstaute Materiealien vorfinden, um den kranken Menschen in entspannter Atmosphäre zu pflegen? Damit der Besuch in der manchmal angespannten Situation einen guten Sitzplatz hat, sich möglichst wohlfühlt und gerne wiederkommt?

Die meisten Menschen verbringen am Lebensende mehr und mehr Zeit im Bett. Wie sieht das Schlafzimmer aus? Ist die Farbe an der Wand beruhigend oder das Bild neben dem Bett noch das richtige? Gibt es einen bequemen Sessel für die Gesellschaft? Oft höre ich: das lohnt doch nicht mehr. Warum hat es denn vor fünf Jahren gelohnt und jetzt nicht mehr? Muss man alles noch zu Lebzeiten abwohnen, was man sich anschafft? Lohnt es nur, die Wand Rosa zu streichen, wenn man das dann auch noch jahrelang schön findet?

Wir können gemeinsam überlegen: Was ist ein Herzenswunsch und stressarm umsetzbar? Was wäre eine Überforderung? Was ist die Anstrengung wert und hat vielleicht einen enorm entängstigenden und entspannenden Effekt und entlastet das soziale Umfeld?

Nichts aber ist so wirkungsvoll wie der Kontakt zur Natur, der Blick in den Himmel, auf blühende Pflanzen, in eine grüne Umwelt im eigenen Garten oder Wohnumfeld.

Sterben, wie wir gelebt haben

Gutes Wohnen ist also auch gutes Leben. Darauf zu achten, dass unsere Bedürfnisse erfüllt sind, ist nicht nur in einer Krankheit oder am Lebensende wichtig. Menschen, die hinschauen, die Sterbende danach befragt haben, was sie anders gemacht hätten oder bereuen, erfahren sicherlich nie, dass jemand meint, nicht genug auf Instagram oder im Büro gewesen zu sein oder zu selten eingekauft zu haben. „Die Menschen sterben, wie sie gelebt haben", sagt der Palliativmediziner Gian Domenico Borasio. Ob jemand gut sterbe, hänge vor allem davon ab, ob der Sterbende das Gefühl hat, sein Leben habe sich erfüllt.

Auch die Sterbenden selbst bestätigen, dass das gute Leben und das gute Sterben verknüpft sind. Die australische Autorin Bronnie Ware hat im Jahr 2011 das Buch „5 Dinge, die Sterbende am meisten bereuen" geschrieben. Zusammengefasst:

Ich wünschte, ich hätte den Mut gehabt, mir selbst treu zu bleiben, statt so zu leben, wie es andere von mir erwarteten.

Ich wünschte, ich hätte nicht so viel gearbeitet.

Ich wünschte, ich hätte den Mut gehabt, meinen Gefühlen Ausdruck zu verleihen.

Ich wünschte, ich wäre mit meinen Freunden in Kontakt geblieben.

Ich wünschte, ich hätte mir erlaubt, glücklicher zu sein.

Es ist kein Zufall, ob jemand am Lebensende viel zu bereuen hat oder eben nicht. Ich bin überzeugt davon, dass die Beschäftigung mit dem Tod helfen kann, im Leben bewusstere Entscheidungen zu treffen, nicht mehr seine Gefühle zu verbergen oder den Hoffnungen und Erwartungen anderer gerecht werden zu wollen.

Kapitel 4 | Trauer

Trauer ist nicht das Problem, Trauer ist die Lösung

Trauer ist gleichzeitig ein universelles wie ein individuelles Gefühl. Trauer ist ein spiritueller, ein psychischer und ein körperlicher Prozess.

In der spirituellen Dimension erleben wir Endlichkeit und vor allem Unendlichkeit. Die Worte „Nie wieder" bekommen eine klare und schmerzende Bedeutung. Wir erleben, dass Menschen in uns und durch uns weiter „leben". Es gibt einen inneren Kontakt, der weit über die Erinnerung hinaus gehen und gleichsam mystische Züge annehmen kann.

Auf der psychischen Ebene kann die Sehnsucht nach dem oder der Verlorenen sich so unerträglich steigern, dass es zu einer Dunkelheit, einem Verlust an Lebensfreude kommt, der sich wie eine schwere Depression anfühlt. Einher gehen Unkonzentriertheit, Gedächtnislücken, Ungeduld und viele weitere psychische (Stress-) Symptome.

Trauer kann sogar körperlich schmerzen, Appetitlosigkeit und Überempfindlichkeit der Sinneswahrnehmungen auslösen (ein Beispiel: Nervenschmerz, wenn das Messer den Teller berührt). Und sie kann somatische Symptome aller Couleur hervorrufen.

Eine (zumal frühe) Erfahrung des Verlustes eines geliebten Menschen kann so tiefgreifend und lebensverändernd sein, dass sie einen anderen Menschen aus einem macht, mit anderen Werten und anderen Vorstellungen von der Welt. In einem Interview mit dem Süddeutsche Zeitung Magazin beschreibt die Autorin Julia Franck ihre Erfahrung mit dem Tod ihres Freundes.

S.Z.: Eine zentrale Figur in „Welten auseinander" ist Ihre erste große Liebe Stephan, ein literatursüchtiger Schöngeist, der Schriftsteller werden wollte. Er starb, als er mit dem Fahrrad zu Ihnen unterwegs war und ein Lastwagenfahrer ihn beim Abbiegen übersah. Die Schilderung seines Todes und Ihrer Trauer gehört zum Ergreifendsten, was in den vergangenen Jahren erschienen ist. Sie waren vier Jahre lang mit Stephan zusammen. Er starb vor 30 Jahren.

Julia Franck: Wir waren 18, als wir uns kennenlernten. Es hat lange gebraucht, seinen Tod zu überleben, weil es keine Gewöhnung an den Tod gibt. Etwas zu wollen schien mir nicht länger möglich. Ich hatte Stephan verloren, mehr hatte ich nicht zu verlieren. Ich wurde auf eine Weise einsam, die ich nachher nie wieder erlebt habe. Seit seinem Unfall denke ich jeden Tag an die Endlichkeit und den Tod. Das Vergessen erscheint mir immer geheimnisvoller und göttlicher. Wir können es nicht mit unserem Willen steuern, und es entzieht sich jeder Erklärung. Ich habe zwei Psychoanalysen gemacht. In ihnen lernt man Techniken des Erinnerns, der Interpretation, aber niemand kann einem sagen, wie man ein traumatisches Ereignis aus dem Gedächtnis löscht. In „Welten auseinander" heißt es: »Das gezielte Vergessen ist unseren Körpern so wenig möglich wie unseren Seelen, und was wir nicht vergessen können, fesselt uns.« Bei Stephan gibt es einen ungeheuerlichen Zwiespalt: An den Menschen will ich mich erinnern, den Schmerz über sein Nicht-mehr-da-Sein will ich gehen lassen.

S.Z.: Nach Stephans Tod aßen Sie monatelang so gut wie nichts und hatten Panikattacken. Dachten Sie an Suizid?

Julia Franck: Mir war nicht mehr zum Leben zumute, weil mir mein Leben im Widerspruch zu Stephans Tod zu stehen schien. Aber Selbstmord erfordert eine Entschlusskraft, die mir fehlte.

Fühlen oder nicht fühlen, das ist hier die Frage

Wir können uns leicht vorstellen, was es bedeuten muss, diesen Prozess, dieses Erleben unterdrücken zu wollen. Oder einfach nur keine Unterstützung, keine Begleitung, kein liebevolles Annehmen zu erfahren. Das ist eine zusätzliche Belastung, wenn nicht gar ein traumatisches Erleben. Es kann gute Gründe dafür geben, seitens der Freunde, Familie oder aus dem Arbeitsumfeld wenig langfristige, verständnisvolle Unterstützung zu erfahren. Dazu komme ich noch.

Es kann verständlich sein, die Trauer wegzuschieben, funktionieren zu wollen, den Schmerz nicht fühlen zu wollen. Es kann auch verständlich sein, keine Begleitung in Anspruch zu nehmen. Und in manchen Fällen ist es auch gar nicht notwendig. Menschen reagieren sehr unterschiedlich auf Verluste. Einige sind der Situation gewachsen und passen sich gut an. Sie brauchen wenig Unterstützung, können sogar auf andere zugehen und sie unterstützen. Andere brauchen ohne eigenes Verschulden viel Unterstützung. Es gehört zur Rolle der Helfer:innen, Bedürfnisse zu erkennen und dafür zu sorgen, dass Unterstützung dort geleistet wird, wo jemand sie benötigt.

Sicher wissen manche Menschen auch nicht, dass es professionelle Begleitung und Trauergruppen gibt. Oder sie leben in dem Glauben, dass man dort nur hingeht, wenn man psychisch krank, quasi therapiebedürftig ist. Dieser Weg ist immer noch stigmatisiert, vor allem unter Männern.

Aufklärung und Ermunterung können helfen. Trauernde können in der Begleitung bewusst und in geschütztem Raum mit der Trauer umgehen, sich so zeigen, wie sie sich gerade fühlen oder sie treffen mit dem Bedürfnis, die immer gleiche Geschichte zu erzählen, nicht auf Ablehnung. Das Wichtigste ist vielleicht: Sie bekommen sinnvolle Anregungen und Handlungsoptionen aufgezeigt und profitieren von professionellem Knowhow.

Paradigmenwechsel

Vom Loslassen zum Integrieren. In der Trauerpsychologie hat in den letzten Jahren ein Paradigmenwechsel stattgefunden. Anstatt das Loslassen der verstorbenen Person als einen gelungenen Trauerprozess zu begreifen, wird dem oft vorhandenen Wunsch nach einer andauernden Verbindung Rechnung getragen. Dabei gilt es, dem Verstorbenen einen neuen Platz im eigenen Leben zu geben, eine neue Form von Beziehung zu etablieren, die den Zugehörigen die Hinwendung zum eigenen Weiterleben ermöglicht. Aber auch das Loslassen kann eine stimmige Form der Beziehungsgestaltung sein.

In einer zeitgemäßen Trauerbegleitung sind die Ratsuchenden diejenigen, die entscheiden, welche Form für sie richtig ist. Sie sind die Expert:innen für ihr Leben. Die Begleitenden steuern den Prozess, die Ratsuchenden steuern den Inhalt.

Es gibt verschiedene Trauerphasen-Modelle. Die bekanntesten sind sicher die von Elisabeth Kübler-Ross und Verena Kast. Beide Autorinnen haben sich sehr verdient gemacht um die Erforschung der Trauer. Dennoch gelten ihre Phasenmodelle heute als etwas überholt. Kritisiert wird, dass sie eine lineare Abfolge in der Trauer suggerieren, die es so nicht gibt. Zudem könnte man meinen, dass Trauernde ihnen hilflos ausgeliefert sind und keine eigenen Steuerungs- und Handlungsoption haben. Die Modelle sind jedoch Grundlage verschiedener Weiterentwicklungen, die ich hier nur sehr kurz benennen möchte:

William Worden, ein amerikanischer Arzt und Trauerforscher, spricht von Traueraufgaben. Trauernde haben nunmehr die Möglichkeit, ihren Trauerweg aktiv zu gestalten. Die Autorin Chris Paul, eine deutsche Trauerbegleiterin und Therapeutin, fächert in ihren Büchern viele Facetten der Trauer auf und hat Bücher verfasst mit Titeln, die für sich sprechen. „Schuld | Macht | Sinn, Arbeitsbuch für die Begleitung von Schuldfragen im Trauerprozess" oder „Wir leben mit deiner Trauer. Das Zusammenleben mit Trauernden gestalten, die Balance finden zwischen Unterstützung und Normalität." Sie postuliert: Trauern ist die Lösung, nicht das Problem.

Trauer, eine ungemütliche Gesellschaft

Von einer professionellen Unterstützung, einer Trauerbegleitung oder -gruppe profitiert nicht nur die betroffene Person. Dieser Weg kann auch enge Vertraute in ihrer Fürsorge entlasten und dadurch Beziehungen stabilisieren.

Denn sich als trauernder Mensch Freund:innen, der Familie oder Kolleg:innen zu öffnen, zu zeigen und zuzumuten ist ein schmaler Grat. Hier hilft mutige Offenheit von beiden Seiten und ehrliche Kommunikation. Denn Zumutungen können auf beiden Seiten warten. Tatsächlich schämen sich Betroffene häufig, dass sie nicht mehr richtig „funktionieren" und wollen das mitunter weder selbst wahrhaben noch anderen zeigen. Sie ziehen sich zurück, um alles mit sich allein auszumachen. Reißen sich am Arbeitsplatz zusammen, sagen Einladungen ab, um nicht vor anderen in Tränen auszubrechen – wie selten sehen wir erwachsene Person weinen, erst recht „öffentlich" – oder auch um sich keine unangemessenen Aufmunterungen anhören zu müssen.

Trauernde können mit ihrer manchmal eingeschränkten Fähigkeit, sich an belanglosen oder thematisch für sie schwierigen Gesprächen zu beteiligen, eine ungemütliche Gesellschaft sein. Die Laune, die Grundstimmung, das Weinen, die Mimik, die Empfindlichkeit, die Introvertiertheit in dieser Phase sind sicher keine Stimmungsaufheller für eine Gesellschaft. Das kann peinigend für beide Seiten sein.

Also plädiere ich für einen gelassenen Umgang. Wichtig ist, dass alle im Bilde sind und die trauernde Person das weiß. Das entlastet. Dann: nichts erzwingen, die gute Stimmung nicht, genauso wenig wie schonungslose Offenheit, die beide Seiten überfordern kann. Einladen oder Einladungen annehmen, wenn es sich richtig anfühlt, absagen, wenn es eine Überforderung zu werden droht, gehen oder beenden, wenn es zu viel ist. Ein Balanceakt, der mit größtmöglicher (Fehler-) Akzeptanz auf jeden Fall einen Versuch wert ist. Alles besser als Ausgrenzung oder sich schämen und nicht zumuten wollen.

Vielleicht hatten wir keine *rolemodels*, die vorgelebt haben, wie wir eine Trauer offen und ehrlich durchleben und wie wir mit Trauernden umgehen. Wie oft erleben Trauernde, dass Menschen in ihrer Umgebung überhaupt nicht wissen, wie sie ihnen gegenübertreten sollen, was sie sagen, was sie schreiben, ob sie überhaupt etwas sagen oder schreiben sollen. Soll man Trauernde anrufen, gar besuchen? Wenn ja, wann? Soll man die Trauernden lieber in Ruhe lassen? Fühlen die sich vielleicht belästigt? Was redet man denn da? Bringt man was mit, und wenn ja, was? Eine Flasche Schnaps? Eine Suppe? Einen Kuchen? Aber es gibt ja nichts zu feiern. Ach, dann lässt man es doch besser. Das ist vielleicht auch nicht richtig, aber dann erlebt man wenigstens nicht die Peinlichkeit.

Hier fehlt es uns offenbar an selbstverständlichen und vorgelebten Erfahrungen, Ritualen oder Traditionen, die Handlungssicherheit geben können. In der Türkei habe ich weniger Berührungsängste erlebt, da wird das „Trauerhaus" sogleich bei Benachrichtigung besucht, oder die Hinterbliebenen werden angerufen. Als mein Vater starb, bekam ich Anrufe von Menschen, mit denen ich keine gemeinsame Sprache hatte. Mein Türkisch war sehr rudimentär, die Verwandten sprachen weder Deutsch noch Englisch. Jeder einzelne, ob erwachsen oder Kind, kam ans Telefon, um mir auf türkisch zu kondolieren. Ich verstand die Worte nicht, aber es fühlte sich an wie Liebe. Und ich wusste: bei der nächsten Begegnung ist das ausgesprochen und ich muss nicht rätseln: Wer hat es mitbekommen, wem muss ich es noch sagen, und wissen sie, warum ich gerade nicht immer so unbeschwert bin? Das kann viel Verkrampfung lösen.

Eine wie auch immer geartete Beileidsbekundung hätte ich mir auch damals gewünscht, als mein Freund Holli gestorben war. Eine Karte von der Klasse, wenigstens vom Klassenlehrer, so dass ich gewusst hätte, sie wissen es und denken vielleicht sogar an mich in dieser schweren Zeit. Doris Dörrie hat einmal in einem Interview gesagt, dass ihr nach dem Tod ihres Mannes jede Karte, jedes Wort geholfen hat. Es musste kein geschliffener Text auf Büttenpapier sein, ein paar noch so ungelenke Zeilen halfen. Vielleicht ist es nur dafür gut, dass die Hinterbliebenen wissen, wer über den Verlust im Bilde ist und dass an sie gedacht wird. Auch das hilft.

Aberkannte Trauer

Wenn wir an Trauer denken, ist das Naheliegende der Verlust eines geliebten Menschen. Diese Trauer ist – auch wenn wir nicht immer gut damit umgehen können – allgemein anerkannt. Das heißt, Trauernde werden in ihrem Schmerz gesehen, man versteht ihre Gefühle, und es gibt Hilfsangebote für sie.

Trauer kann aber auch abseits des Verlustes von nahen und geliebten Menschen auftauchen. Nur wird sie hier oft nicht wahrgenommen oder sogar abgelehnt. Sowohl von der betroffenen Person selbst als auch von ihrer Umgebung. Man spricht von „entrechteter" oder „aberkannter" Trauer, ein Begriff, der von dem amerikanischen Trauerexperten und Professor für Gerontologie Kenneth Doka eingeführt wurde. Die entrechtete Trauer wird gemäß gesellschaftlicher Trauernormen nicht als eine solche anerkannt.

Hier gibt es Abstufungen: Von der Gesellschaft als weniger intensiv oder verwerflich eingestufte Beziehungen können zu aberkannter Trauer führen. Das können Liebhaber:innen, Nachbar:innen, Ex-Partner:innen, Pflegepersonal, Zimmernachbar:innen im Pflegeheim, homosexuelle Partner:innen, Halbgeschwister, außereheliche Kinder oder auch Arbeitskollegen:innen sein. Auch eine Fehlgeburt oder der Tod eines Haustieres werden häufig als unbedeutend eingeschätzt. Die Trauernden können von der Gestaltung von Ritualen ausgeschlossen sein oder erhalten keine Beileidsbekundungen, erfahren kaum Trost.

Die Expertin Eva Dempewolf hat in ihrem 2015 erschienenen Buch „Abschied nehmen – Trauer um ein geliebtes Tier: Ein Begleit- und

Praxisbuch" von ihrer Erfahrung mit einer Trauergruppe für Menschen, die ein geliebtes Tier verloren haben, eindrücklich geschildert: „Dass alle darunter leiden, dass sie sich in ihrem Schmerz nicht gesehen fühlten, verbindet ebenso wie die gemeinsame Angst, nicht ‚normal' zu sein, weil die Trauer um ein Tier sie derart aus der Bahn wirft. Als besonders schlimm empfinden alle außerdem, dass sie ihre Verzweiflung nach außen nicht zeigen dürfen, weil die Trauer um ein Tier auch heute noch weitgehend nicht ernst genommen wird. Natürlich bekommen sie – auch mitfühlende – Worte des Trostes, doch wirklich verstanden in ihrem tiefen Leid fühlt sich außerhalb der Gruppe keiner. Und so haben sie alle praktisch aufgehört, über ihre Trauergefühle zu sprechen."

In der „Verlusthierarchie" noch weiter unten stehen gesellschaftlich als unbedeutend eingeschätzte Verluste. Das können sein: Scheidung, Verlust des Arbeitsplatzes, ein Beziehungsende, der Verlust der Heimat durch Flucht oder durch Unfall oder Krankheit verlorene körperliche oder Sinnes-Funktionen. You name it.

Selbstverständlich kann man das Ende eines Arbeitsverhältnisses oder den Abschied von einer Immobilie nicht mit dem Tod eines geliebten Menschen vergleichen. Es geht hier nicht um eine Konkurrenz der Tiefe der Gefühle, sondern einfach darum, anzuerkennen, dass Trauer viele Facetten und Ausprägungen hat. Dass wir uns wagen, für jede Art der Trauer hilfreiche Rituale und

Hilfsangebote zu entwickeln und uns dann trauen, sie anzunehmen.

Auch ich erlebte aberkannte Trauer, zumeist von mir selbst aberkannt. So musste ich mein geliebtes Ferienhaus, das mir zur Heimat geworden war, verkaufen. Ich trauere diesem magisch schönen und ruhigen Ort noch heute nach – mehr als zehn Jahre später. Aber langsam wird es besser. Manchmal. In meinem Leben gingen mehr als eine große Liebe zu Ende, ebenso wie herrliche und tiefe Freundschaften. Von ihnen träume ich nachts, wache auf und vermisse sie. Zwei sehr lustige und wunderschöne Kater, mit denen ich zusammenlebte, starben. Auch sie haben für immer einen Platz in meinem Herzen.

Immer und immer wieder erlebe ich Abschiede und trauere. Der Laden an der Ecke schließt, von dem alten Verkäufer habe ich mich nicht verabschiedet, die Häuser in der Nachbarschaft werden abgerissen, mein Elternhaus, in dem ich mich an jeden Winkel erinnere, wird verkauft. Lehrerinnen, Schulkameradinnen, Wegbegleiter verliere ich aus den Augen, Jobs gehen zu Ende, Kolleginnen, mit denen ich gut auskam und viele Stunden verbrachte: weg.

Es starben Menschen, deren Verlust ich nicht wirklich als einen Verlust für mich anerkannte, weil ich dachte, dass die „eigentlich Trauernden" andere Personen seien. Oder ich gestand mir keine Trauer zu, weil ich die Person selten sah oder gar nicht persönlich kannte.

Mein Exfreund Gunnar starb mit Mitte 20 an Krebs. Ich ging nicht zur Beerdigung, weil er in seinen letzten Lebensmonaten kaum noch Kontakte zuließ. Ich dachte, ich sollte dann auch nicht zur Trauerfeier gehen.

Oma und Opa Jeßnitz starben in der DDR, und ich durfte nicht zur Beerdigung. Meine Familie stammte – bis auf mich als erste im Westen geborene – aus der ehemaligen DDR und war kurz vor dem Mauerbau geflohen. Mein Vater hatte wohl die Befürchtung, dass sie uns dabehalten könnten, wenn wir zur Beerdigung „rüberfahren" würden. So begriff ich gar nicht richtig, dass meine lieben Großeltern gestorben waren, bis meine Brüder und ich jeder 4.000 Ostmark erbten, die auf einem Konto in der DDR für uns verwahrt wurden. Wir nutzten sie zum Teil, um unsere (und anderer Leute) auf dem DDR-Transit kassierten Strafmandate zu bezahlen. Sorry, Opa Jeßnitz!

Die Frau meines Bruders und Mutter meiner Nichte und meines Neffen starb, wie unsere Mutter mit 43 Jahren, ganz unerwartet an einem Herzinfarkt. Es war dramatisch, weil die Kinder mit ihrer Mutter allein zuhause gewesen waren, mein Bruder auf einer Dienstreise in Kanada. Ich fuhr direkt nach Berlin und nahm gemeinsam mit meinem mittleren Bruder meinen ältesten Bruder am Flughafen in Empfang. Die Trauerfeier für Martina war die erste für einen Menschen aus meiner Generation, die auch von dieser Generation, in dem Fall also meinem Bruder, organisiert und gestaltet wurde. Sie war sehr schön und dem Lebensstil der

Verstorbenen sehr angemessen. Ich sah es als meine Aufgabe an, meinen Bruder und seine Kinder zu trösten und zu unterstützen, nicht so sehr selbst zu trauern. Und das war gut und genau richtig so.

Meine Schwiegermutter starb im hohen Alter mit Demenz in einer Seniorenresidenz. Wir konnten in ihren letzten Tagen und Nächten bei ihr sein. Hier habe ich das erste Mal erlebt, wie sich auf mich, die ich das Sterben bezeugte, eine ungewöhnliche Ruhe und Zeitlosigkeit gelegt hat.

Ein Freund – und der allerbeste Improtheater-Lehrer aller Zeiten – Volker starb an einem Suizid. Er lebte in Hamburg, aber seine Mutter ließ ihn unter Ausschluss aller Freunde und seiner Wahlfamilie an ihrem Wohnort weit weg von Hamburg bestatten. Ich fand, dass nicht nur mir und uns dadurch ein wichtiger Teil des Abschiedes genommen war, ich fand es auch schade für sie. Volker hatte so liebevolle Freunde und Freundinnen, vielleicht hätte es ihr auch gutgetan, uns um sich zu haben. Aber wieder mal: Wer bin ich, das zu beurteilen?

Michael Jackson starb mit 50 Jahren an seinem Trauma und an seiner Schmerz- und Schlafmittelabhängigkeit. Nicht, dass ich ein leidenschaftlicher Fan gewesen wäre, aber ich war überraschend geschockt von der Nachricht und habe eine ganze Weile um ihn getrauert.

Und Lady Di. Ein öffentlicher Tod, an den sich jeder und jede erinnert. Ich interessierte mich zu ihren Lebzeiten eigentlich nicht sonderlich für sie. Aber natürlich meinte ich die bis heute meistfotografierte Frau der Welt zu kennen. Und so ging es offenbar sehr vielen Menschen. Der kollektiven Trauer um ihren tragischen Tod konnte auch ich mich kaum entziehen.

Es ist normal, andauernd Trauer zu erleben. Wie schafft man es nur, dabei ein fröhlicher Mensch zu sein, der das Leben genießt und die Liebe? Ich habe das oft nicht geschafft, denn ich habe mir viel Trauer nicht zugestanden oder unterdrückt. Es war ein weiter Weg, gezeichnet von Verlustängsten, Panikattacken, Zigaretten- und Alkoholkonsum, versauten Weihnachts- und Familienfesten und Albträumen.

Was kann unbearbeitete Trauer anrichten?
Eine Weihnachtsgeschichte

Weihnachten war ab meinem jungen Erwachsenenalter immer schwierig, bedrängend, eigentlich unerträglich. Ich fühlte mich bei meinen Eltern unwohl, nicht gesehen, in Traditionen gedrängt, die mit mir nichts zu tun hatten. Nach dem unabänderlichen Teil der Feierlichkeiten gingen mein Bruder und ich in die Stadt und betranken uns, oft bis früh am Morgen. Der nächste Tag war immer der Horror. In den Papierkorb gekotzt, weil ich nicht runter aufs Klo gehen wollte, Gemecker und Enttäuschung von Seiten der Eltern, weil Verwandte da waren und wir im Bett lagen. Oder noch schlimmer: Ich musste zur Schwiegermutter in spe, wo es in geschlossenen Räumen zu warm war, nach Roulade roch und ich zum Essen Wein angeboten bekam. Die ganze Zeit während des Mittagessens hatte ich Angst, mich übergeben zu müssen, konnte kaum sprechen und sah wahrscheinlich auch nicht gut aus. Der reinste Schrecken, dem ich im Alter von 27 Jahren mithilfe von Weihnachtsverweigerung ein Ende machte.

Warum war das so? Und was hat das jetzt überhaupt mit dem Tod zu tun? Ich bin ja nicht dran gestorben und auch niemand anders. Ich habe es nicht verstanden, bis sich mir vor Jahren an einem – wieder mal problematischen Weihnachten, nunmehr mit unseren Kindern – auf einem Spaziergang alles zuschnürte, und ich fühlte, dass sich etwas mit Macht nach oben drang und in meinem Hals steckenblieb. Es war ein veritabler Trauerkloß.

Die Erinnerung an ein Foto von meiner leiblichen Mutter, das an Weihnachten von ihr gemacht wurde, stieg in mir auf. Es war ihr letztes Weihnachten. Sie war schwer gezeichnet von ihrer Krankheit, eingefallen, dünn, verzweifelt, traurig. Zwei Monate später war sie tot. Alle wussten es. Und ich mit meinen drei Jahren fühlte es sicherlich, weil alle anderen es wussten und fühlten. Es muss wohl das Bedrückendste gewesen sein, was man überhaupt erleben kann. Meiner Mutter stand der Tod vor Augen, meinem Vater stand der Verlust seiner geliebten Frau bevor, uns Kindern der Verlust der Mutter, und meiner Oma, die bei uns wohnte, der Verlust der Schwiegertochter und die Sorge, wie es weiter gehen würde. Oma und Opa aus dem Osten sahen ihr einziges Kind sterben. Was meine älteren Brüder fühlten oder wussten: Ich weiß es nicht. Und wir alle versuchten wohl miteinander so etwas wie eine Feier hinzubekommen.

Dieses letzte und traurige Weihnachten war nie wieder Thema. Nicht in der Familie, nicht in meiner bewussten Erinnerung. Bis zu jenem zugeschnürten Hals auf dem Spaziergang Jahrzehnte später. Die Erkenntnisse arbeiteten sich Stück für Stück nach oben. Ich erzählte, weinte, schluchzte, kriegte mich nicht mehr ein. Mein Mann war bei mir, hielt und begleitete mich geduldig durch die Straßen unserer Nachbarschaft, bis alles raus war. Gleichermaßen ein Schrecken und eine Erleichterung.

Die nicht gelebte und unbearbeitete Trauer hatte Jahrzehnte unter der Oberfläche gelauert und mir, ohne dass ich wusste wie, das Leben schwergemacht. Niemandem ist ein Vorwurf zu machen. Meine Familie hatte es einfach nicht besser gewusst und hinbekommen. Aber gut war es eben nicht. Trauer, die steckenbleibt, richtet Unheil an, und man weiß leider vorher nicht, welches.

Es brauchte noch einige Therapiestunden, um die Erfahrung vollständig zu integrieren und in Frieden zu kommen. Aber es ist gelungen. Was man vielleicht daran sehen kann, dass ich seit einer Weile Weihnachtsdeko toleriere und sogar selbst aufhänge (wenigstens in Form einer Lichterkette im Garten).

Kapitel 5 | Bestatten

Cool, angesagt, Party?

Bestattungen sind zu einem richtigen Hipster-Business geworden. Der jüngste Bestatter Deutschlands, Luis Bauer, ist ein TikTok-Star mit über 1,2 Millionen Followern (Stand 2023). Ein Bestatter! Der Berliner Eric Wrede war vor seinem Leben als Bestatter in der Musikbranche tätig und hostet den erfolgreichen Podcast „The End", in dem er mit prominenten Menschen das Thema Tod bespricht. Die Bestatter:innen von „Ab unter die Erde" haben nicht nur ein Bällebad und eine Zuckerwattemaschine, sondern vermitteln auch DJs für Beerdigungen. Das heißt dann nicht mehr Trauerfeier, sondern Abschiedsparty.

War früher für Ort und Stil der Trauerfeier eigentlich nur die Frage wichtig, ob der verstorbene Mensch katholisch, evangelisch oder aus der Kirche ausgetreten war, so fragen Bestatter:innen heute: Wie hat der Mensch gelebt, was hat ihn oder sie interessiert und ausgemacht. Bestatten wir eine Punkerin, einen Nerd, einen

Esoteriker, eine leidenschaftliche Bikerin oder Musikerin, ein Mitglied der LGBTQI+ Community oder gar der Sado-Maso-Gemeinde? Es geht dabei nicht allein darum, dem Leben des verstorbenen Menschen gerecht zu werden, sondern auch den Hinterbliebenen, der Trauergemeinde, der Abschiedsparty-Gesellschaft. Es sind nicht nur die engsten Familienmitglieder, also die Bestattungspflichtigen, sondern es ist auch die Wahlfamilie, die sich gesehen und getröstet fühlen möchte. Kinder werden heute oft selbstverständlich einbezogen, indem sie sich vom verstorbenen Menschen verabschieden, an der Trauerfeier teilnehmen oder den Sarg mit bemalen dürfen. Es gibt Beerdigungs-Spielzeug, um den Kleinsten nahe zu bringen, was nach dem Sterben geschieht.

Der frische Wind, der mit neuen Ansätzen und einer nie dagewesenen Kundenzentrierung durch die Branche weht, war überfällig. Von Kompostierung, genannt Recompose oder Reerdigung, Bestattung unterm Baum oder im Familiengrab, Asche verstreuen zur See oder im Weltall bis hin zur Möglichkeit, die Asche der/s Verstorbenen in eine Vinyl-Platte (mit selbst ausgesuchtem Song darauf) oder zu einem Diamanten zu verpressen, gibt es mehr Möglichkeiten sich bestatten zu lassen als je zuvor. Man will da nichts falsch machen, und das kann leicht zu einer Multioptions-Paralyse führen. Und sicher wird die Kreativität der neuen Dienstleister-Generation noch einige Blüten treiben. Um nicht falsch verstanden zu werden: Das ist kein Plädoyer dafür, auf immer den alten Muff, der viele Bestattungen prägt, weiterzuführen. Aber es wäre aus meiner Sicht zu wünschen, dass die Entwicklung nicht wie bei Hochzeiten in eine Eventkultur kippt, bei der alle nur denkbaren Optionen von Gestaltungs- und Erinnerungs-möglichkeiten, Pomp und Pathos in eine Veranstaltung gepresst werden, um eine „Once-In-a-Lifetime-Experience" auf keinen Fall zu vergeigen.

Communities unter sich

Es gibt nicht nur bei den Katholiken, Protestanten und anderen Religionsgemeinschaften das Bedürfnis, im Tod unter sich zu bleiben. Auch anderen Wahlfamilien fühlen manche Menschen sich über den Tod hinaus verbunden. Exemplarisch möchte ich zunächst eine Community aus Hamburg erwähnen: die HSV-Fans. Für sie gibt es einen eigenen Bereich auf dem schönen Altonaer Friedhof gleich über die Straße beim Volksparkstadion. Die Grabsteine zieren die Vereinsfarben Schwarz-Weiß-Blau, und viele sind sehr fantasievoll gestaltet. Diesen besonderen Bereich betritt man durch ein angedeutetes, stählernes Fußballtor. Alles sehr stilvoll, und ich bin sicher, dass viele der Verstorbenen in HSV-Urnen bestattet sind, die es im Merchandise Shop zu kaufen gibt. Ob die Sankt Pauli Fans auch ein eigenes Gräberfeld haben, weiß ich nicht, aber es gibt auf jeden Fall braune Urnen mit Totenkopf für diejenigen, die ihrem Verein über den Tod hinaus treu bleiben wollen.

LGBTQI+

In der LGBTQI+ Gemeinde existiert seit langem das Bedürfnis nach Bestattung durch die Wahlfamilie, denn Menschen wollen im richtigen Geschlecht bestattet werden, unabhängig davon, was in ihren Papieren steht. Menschen wollen bestattet werden, wie sie gelebt haben und von den Menschen, mit denen sie sich am engsten verbunden fühlen.

Die Bestattungspflicht sieht vor, dass die nächsten Angehörigen die Trauerfeier ausrichten. Aber nicht immer ist die biologische Familie dafür beste Wahl. Wenn eine konservative Familie das Leben eines homosexuellen oder Trans-Menschen nicht akzeptiert hatte, werden nicht selten die Mitglieder seiner Wahlfamilie von der Gestaltung der Trauerfeier ausgeschlossen oder gar nicht erst eingeladen.

Der schwule Hamburger Theatermacher Corny Littmann erregte sich in einem Interview: „Ich habe sehr viele Trauerfeiern erleben müssen, und mindestens 70 Prozent davon waren verlogen. Wenn du weißt, der Verstorbene hatte und wollte keinen Kontakt zur Familie und plötzlich sitzen die in der ersten Reihe, dann ist das ekelhaft. … Eigentlich kommt sein ganzes Leben, was er fern seiner Familie gelebt hat, nicht vor. Bei der Beerdigung von Rio Reiser habe ich in der Ansprache des Pastors meinen Freund nicht wiedererkannt. Erst als ein Lied von ihm gespielt wurde, habe ich ihn über seine Stimme erkannt."

Bereits im Jahr 1994 wurde Pfarrer Rainer Ehlers mit dem Anliegen betraut, eine Gemeinschaftsgrabstätte für Menschen einzurichten, die an AIDS verstorben waren. Ehlers hatte gerade die erste Pfarrstelle für die Seelsorge von Menschen mit HIV und AIDS in Hamburg angetreten und zeigte sich aufgeschlossen. Mit einigen Unterstützern gründete er den Verein Memento e. V. mit dem Ziel, eine solche Grabstelle zu realisieren. 1995 erwarb der Verein ein ehemaliges Kaufmannsgrab auf dem Friedhof Hamburg-Ohlsdorf, nahm es in Patenschaft und organisierte dort die Bestattung der an AIDS verstorbenen. Das Grabmal besitzt ein Mosaik in den Regenbogenfarben und ein Stundenglas.

In Kopenhagen gibt es seit 2008 eine eigene Grabstätte für Homosexuelle. „Zu Lebzeiten scheinen sich Schwule eher bei Grand-Prix-Partys als im Fußballstadion rumzutreiben. Warum sollen sie dann nicht auch nach dem Tod in angenehmer Gesellschaft verweilen?" fragte sich Pfarrer Ivan Larsen aus Kopenhagen. "Wir haben unsere eigenen Plätze, an denen wir uns treffen und amüsieren können – Schwulenbars und so weiter. Deswegen wollten wir auch eine eigene Grabstelle", erklärte der Pfarrer und gründete den Verein Regnbuen (Regenbogen).

Larsen will sich nicht von der Hetero-Welt absetzen. Er sieht es vielmehr als eine Ruhestätte im Kreise seiner Familie an: "Wir wollen uns nicht isolieren, sondern finden es wichtig, zusammen zu sein. Wir sehen das als Familiengrab an. Eines, um das sich unsere Familie auch kümmern wird."

Deutschlands erster Friedhof für lesbische Frauen ist eine kleine Ecke auf dem Georgen-Parochial-Friedhof in Berlin. Anfang April 2014 weihten die Frauen der Sappho-Stiftung das Gelände ein. Pfarrer Jürgen Quandt weist den Begriff „Lesbenfriedhof" zurück. „Das ist eine Gemeinschaftsgrabanlage, wie es viele gibt, nicht mehr und nicht weniger." Astrid Osterland, Mitarbeiterin der bundesweiten Sappho-Stiftung, zeigt auf einen großen Grabstein gegenüber von ihrem Gelände: ein Erbgrab. Familienmitglied um Familienmitglied ist auf dem Grabstein aufgelistet. „Wir verfolgen denselben Gedanken. Allerdings ziehen wir die Wahlverwandtschaft der Blutsverwandtschaft vor", sagt sie.

Queere Todesanzeigen finden sich nach wie vor nicht in den herkömmlichen Tageszeitungen, sondern ausschließlich in den einschlägigen Szenemagazinen wie etwa der Berliner Siegessäule oder in Hamburgs schwulem Magazin Hinnerk.

Diese beiden Szenemagazine untersuchte die Ethnologin Jasmin Stein 2007 und fand bemerkenswerte Alternativen zum schwarzen Standardtyp mit Trauerrand. Schwule Todesanzeigen sind vielfach bunt, die Fotos der Verstorbenen oftmals Schnappschüsse von verwackelt bis erotisch, und die Texte formulieren posthume Liebesbekenntnisse. Im Vergleich zu herkömmlichen Todesanzeigen, die über das Ableben eines Verstorbenen, Ort und Zeitpunkt der Trauerfeier und die Traueradresse informieren, sind schwule Anzeigen anders. Schon dem in der Regel nur monatlichen Erscheinungstermin der Magazine ist die Tatsache geschuldet, dass die Anzeigen erst Wochen nach dem Trauerfall erscheinen und somit nicht über eine Trauerfeier informieren können. Die Absender sind der Lebenspartner, die Freunde oder einschlägige Clans oder Vereine wie in einem Fall der Leder- und Fetischclub Berlin. Adressen oder andere konkretere Mitteilungen fehlen in aller Regel, denn es ist ein Zirkel, in dem man sich kennt.

Frauen als Bestatterinnen

Nicht jede Frau fühlt sich wohl bei dem Gedanken, nach ihrem Tod ihren Leichnam in Männerhänden zu wissen. „Frauen bestatten Frauen" ist deshalb der Grundsatz von Ajana Holz, die mit ihrer damaligen Freundin und Lebenspartnerin Brigitte bereits 1999 das Bestattungsinstitut „Die Barke" gründete. Sie erinnerte sich an die alten Traditionen der Totenfrauen und Leichenwäscherinnen, die über Generationen hinweg die Totenfürsorge betrieben hatten. Ihr wurde gleichzeitig die besondere Aufgabe der Frau am Lebensbeginn bewusst und übertrug diese Kompetenz auf das Lebensende. Ajana Holz, die in

Erwägung gezogen hatte, Hebamme zu werden, versteht sich nun als Seelen-Hebamme am Lebensende. Heute betreibt sie das Bestattungsinstitut „Die Barke" mit dem Grundsatz, „den würdevollen und sanften Umgang mit den Toten wieder in Frauenhände zu nehmen".

Bin ich im falschen Film?

Über die Wahrheit auf Trauerfeiern

Die Kameraden standen Spalier und erwiesen dem verstorbenen Freund die letzte Ehre. Wobei von Ehrenmann wohl keine Rede gewesen kann. Die Söhne des Toten, die unter den Trauergästen saßen, hatten Jahrzehnte keinen Kontakt zum Vater gehabt, weil er beide sexuell bedrängt hatte. Darum ging es in der Trauerrede freilich nicht. Es wurden Anekdoten erzählt darüber, wie liebevoll er seine Ehefrau geneckt hatte, was für ein gewitzter Kartenspieler er gewesen war, was für ein treuer Kamerad. Wer um die Geschichte der Söhne wusste, glaubte sich im falschen Film.

Bei einer anderen Trauerfeier für einen mit Anfang zwanzig verstorbenen Mann, eigentlich sehr bewegend und gelungen, schwiegen alle, die es wissen mussten, über die Todesursache. Die Eltern ebenso wie die Rednerin. Der junge Mann war nicht krank gewesen, es musste also ein plötzlicher Tod gewesen sein. Aber welcher? Ich konnte meine Fantasie nicht bezähmen, nach einer Erklärung zu suchen. Was konnte so beschämend sein, dass man es verschweigen musste? Eine peinliche Dummheit, reif für den Darwin-Award? Eine grausam missglückte Sexpraktik? Hätte die Trauerrednerin nicht diskrete Worte finden können für die Todesumstände? Die Zeremonie hinterließ ein schales Gefühl.

Eine Trauerrede ist ein wichtiges Element der

Trauerfeier. Aber wie entsteht sie? Und wer bestimmt, was darin vorkommt? Vor allem: Wie viel Wahrheit braucht eine Trauerrede, damit sie sich authentisch anfühlt und ihre Aufgabe erfüllt? „Als Redner:innen haben wir die Verantwortung, dass eine Trauerfeier als Abschied genutzt werden kann", sagt die Trauerrednerin Kira Littwin, die in ihrer Profession auch ausbildet. „Es gilt immer, sich vom ganzen Menschen zu verabschieden." Damit dieses Bild entstehen kann, brauchen sie und ihre Kolleg:innen mitunter viel Geduld. „In einer Situation war ich zwei Stunden lang im Trauergespräch und habe die gesamte Zeit nicht ein gutes Wort über den verstorbenen Menschen gehört. In einer solchen Situation frage ich: `Was wünschen Sie sich von der Trauerfeier?' Meist ist die Antwort: ‚Ich möchte einen Abschluss finden.' Dann forschen wir nach einer kleinen Sache, die der Verstorbene versucht hat, gut zu machen." So kann die Trauerrede einen Abschluss ermöglichen, der nicht in Verbitterung endet, sondern mit einem Einverständnis.

Wie wichtig das Vorgespräch mit den Angehörigen ist, weiß auch Vikarin Carina Deutschle. Es ist ein seelsorgerisches Gespräch, in dem erst einmal frei erzählt werden kann. „Nicht alles, was in dem Gespräch gesagt wird, erhält automatisch Einzug in die Trauerrede." Es soll die Unverwechselbarkeit herausgestellt werden, was diese Person ausgemacht hat. Aber es bleibt eine fragmentarische Wahrheit. Für die Trauerrede wird dann meist gemeinsam mit den Angehörigen ein Bibeltext ausgewählt. Ein Text, der etwas Neues, Tröstendes, Befreiendes entdecken und weitersehen lässt. Die Biografie und die verkündigenden Elemente werden verknüpft. Carina Deutschle stellt der Trauerrede damit etwas an die Seite, was noch eine andere Dimension von Wahrheit einbringen kann. Wenn in dem Bibeltext vorkommt: „Und ob ich schon wanderte im finsteren Tal", dann wird davon erzählt, dass ein Mensch sich vertrauensvoll an Gott als seinen Hirten hält und vielleicht hat der Mensch das so erfahren, hat Trost bekommen in schwierigen Zeiten.

Was aber kann man tun, wenn die subjektiven Wahrheiten der Hinterbliebenen so stark voneinander abweichen? Einige Bestatter:innen regen dazu an, nicht die eine Trauerrede zu beauftragen, sondern die Aufgabe auf mehrere aus Familie und Freundeskreis zu verteilen. So fügen sich die unterschiedlichen Lebenswirklichkeiten des verstorbenen Menschen zu einer Art Wahrheits-Puzzle zusammen, in dem die Trauernden Trost finden können.

Was macht ihnen Mut, was hilft ihnen in ihrer Trauer? Das sind die Fragen, nach denen Pastor Friedrich Kleine seine Traueransprache entwickelt. An seinem Arbeitsplatz eine besondere Herausforderung, denn er ist Seelsorger in der Justizvollzugsanstalt Fuhlsbüttel in Hamburg. „Wir Seelsorger sehen nicht den Täter, wir sehen den Menschen", sagt er. Es helfe ja nicht zu berichten: Dieser Mensch hat vor 25 Jahren mal drei Leute umgebracht. Das weiß jeder, und es spielt keine Rolle in dem, was die Menschen hier erlebt haben. Verhandelt und verurteilt wurde vor Gericht, vielleicht auch vor dem jüngsten Gericht, aber nicht in einer Trauerfeier. Hier wird dem ganzen Menschen gedacht, sollen sich die Hinterbliebenen getröstet und beruhigt fühlen. Das Feedback bestätigt ihn. „Die Beamten im Vollzug sind dann auch immer sehr dankbar: ‚Sie haben wieder Ruhe in die Station gebracht, vielen Dank, Herr Pastor!'"

Was nicht als Aufforderung misszuverstehen sei, negative Aspekte zu beschönigen oder zu verschweigen, betont Friedrich Kleine. Er erzählt von einer Trauerfeier außerhalb der Gefängnismauern. Es war den Angehörigen erwachsenen Kindern wichtig, dass bei der Trauerfeier für die Mutter endlich mal gesagt wurde: „Die Ehe unserer Eltern war eine Katastrophe." In der Familie musste immer eine Fassade aufrecht erhalten bleiben. Niemand durfte wissen, was da hinter den verschlossenen Türen an Alkoholismus, Gewalt und Geschrei in einer katastrophalen Beziehung abging. „Soll ich das in der Trauerrede so sagen?" versicherte sich Kleine bei den

Angehörigen. Die Antwort: „Ja, unbedingt! Das muss jetzt einmal vor allen Leuten gesagt werden. Wir haben immer darunter gelitten, dass alle dachten: Bei denen ist alles in Ordnung." Nach dem Empfinden des Pastors konnte die Wahrheit heilsam sein. Oder ein Stück Genugtuung: Endlich sagt das hier mal jemand!

Die sexuellen Übergriffe des zu Beginn Erwähnten hätte aber auch er nicht erwähnt: „Weil die Frau des verstorbenen Täters nie wirklich mit den Vorwürfen konfrontiert worden war. Sie während der Trauerfeier anzusprechen, wäre in dieser Situation total nach hinten losgegangen."

So mag der Anspruch an die Trauerrede also eher Authentizität als Wahrheit sein. Carina Deutschle findet entlastende Worte: „Ich löse mich von dem Anspruch, dass ich die Person voll umfänglich beschreiben kann. Da ist die theologische Dimension befreiend. So wie dieser Mensch war, wirklich wahr, weiß nur Gott."

Ende

Das letzte Wort

Zu Beginn des Buches hatte ich zu einer gemeinsamen Forschungsreise eingeladen: zur Erforschung der Frage, ob uns ein Leben mit dem Tod – eine Death-Positive-Haltung — einem gut gelebten Leben näherbringen kann. Ich hoffe, dabei ist eins deutlich geworden: Für mich ist die Beschäftigung mit dem Tod nicht gleichbedeutend mit der Haltung, die ich aus der Generation der Kriegskinder nur zu gut kenne. Ich bin mit ihr aufgewachsen, und sie sagt:

Freue dich nicht zu früh!

Wir werden (in bester Absicht) davor gewarnt, dass es vermutlich nicht gut ausgehen wird. Wir sollen nicht naiv durchs Leben gehen und es genießen, sondern uns immer gewahr sein, dass Schlimmes passieren kann. Diese Mahnung bremst unsere ungezügelte Lebensfreude aus, sie erzeugt diffuse Ängste und bewirkt ein Leben wie unter einer dämpfenden Decke.

Ich setze dagegen:

Freue dich nicht zu spät!

In Schweden gibt es das Ritual des „Death Cleaning". In der zweiten Hälfte des Lebens entrümpelt man sein Haus, sodass man seinen Liebsten nach dem eigenen Tod Raum für ihre Trauer gibt, anstatt sie mit unendlich vielen Besitztümern zu belasten. Aber das „Death Cleaning" geht darüber hinaus. Die Schweden sagen (vermutlich auf Schwedisch, aber ich kenne es aus einer amerikanischen Serie und finde den Satz so schön):

Death Cleaning is for life. Wenn du dich zu Lebzeiten mit deinem Ende befasst und deine in der Vergangenheit angesammelten Besitztümer ausmistest, schaffst du Platz und Luft für deine Zukunft. So verwaltest du fortan nicht mehr deine Vergangenheit, und die Beschäftigung mit deinem Ende verhilft dir zu mehr Freiheit und einem bewusst gelebten Leben.

Dieses Buch widme ich

Meinem geliebten Mann Sven, der mich ermutigt und stärkt und dem ich sehr dafür danke, dass er als Profi an meiner Seite das Buch richtig schön gemacht hat.

Meiner wundervollen Therapeutin Sonika Husfeld-Sütthoff, die meine Heilung ermöglicht hat und ohne die ich irgendwo ganz weit hinten wäre.

Die Autorin: Dorothea Rohde, 1962 geboren in Lübeck,
Sterbebegleiterin und Impro-Theater-Spielerin,
Inhaberin von GOOD ROOMS, Wohnen und Aufräumen für
Zeiten der Veränderung

Mein zweites Buch heißt:
Die Magie der Dinge und die Kunst des Loslassens
Entrümpeln und Aufräumen für Zeiten der Veränderung

Es ist im September 2025 bei Vandenhoeck und Ruprecht
erschienen